DE LA SCIENCE

POLITIQUE

CONSTITUTIONNELLE;

PAR

M. P.-A. DELACOU.

PARIS,

A LA LIBRAIRIE UNIVERSELLE

DE P. MONGIE AÎNÉ,

BOULEVART DES ITALIENS, N°. 10.

1826.

Librairie Universelle

DE P. MONGIE AINÉ,

Boulevart des Italiens, N°. 10,

Au coin de la rue d'Artois, à Paris.

CATALOGUE

DE

Livres Nouveaux,

de fonds et autres,

Ainsi que des Ouvrages par Souscription.

(VOYEZ AU REVERS DE CETTE PAGE POUR LES SOUSCRIPTIONS, AINSI QU'A LA PAGE 15.)

PARIS.

1826.

OUVRAGES OFFERTS PAR SOUSCRIPTION :

* ENCYCLOPÉDIE MODERNE, ou Dictionnaire abrégé des sciences, des lettres et des arts, avec l'indication des Ouvrages où les divers sujets sont développés et approfondis; par M. Courtin, ancien magistrat, et une Société de gens de lettres. 24 vol. in-8., et 2 livraisons de planches, au même prix que les volumes. Prix : 9 fr. le vol. pris à Paris, et 10 fr. 75 c. franc de port par la poste. — 7 volumes sont en vente; les suivans paraîtront de 2 en 2 mois, jusqu'à l'achèvement de l'ouvrage.

* COLLECTION DES AUTEURS CLASSIQUES LATINS; par N.-E. Lemaire, Professeur de poésie latine à la faculté des Lettres de l'académie de Paris. Cette Collection contiendra les 34 Auteurs indiqués dans le Prospectus, et aura environ 85 à 90 vol. in-8°., grand papier, imprimés par Didot et autres célèbres Typographes. Il paraît en ce moment 75 volumes. Le prix de chaque volume est ordinairement de 10, 12 et 15 fr., quelques-uns moins, mais pas plus. Les 75 volumes parus coûtent 988 fr. (L'on donne le Prospectus *gratis*, et les Renseignemens nécessaires aux Personnes qui désirent acquérir cette grande et magnifique Collection, dédiée au Roi, et destinée, par ses Ordres, aux Études des Enfans de France.)

* DESCRIPTION DE L'ÉGYPTE, ou Recueil des observations et des recherches qui ont été faites en Égypte pendant l'expédition de l'armée française. Seconde édition, publiée en 25 vol. in-8, et 900 gravures magnifiques, in-folio grand-Égypte, etc. Cet important Ouvrage paraît par livraisons, composées de cinq gravures, dont le prix est de 10 fr. Les volumes de texte coûtent 7 fr. chaque. La totalité de l'Ouvrage sera d'environ 2275 fr. Il paraît déjà 161 livraisons de gravures et 14 vol. de texte. (L'on donnera le Prospectus *gratis* et les Renseignemens nécessaires aux Amateurs qui ne connaissent pas ce magnifique Ouvrage; c'est le plus beau et le mieux exécuté qui ait paru jusqu'à ce jour : il ne laisse rien à désirer à l'Amateur le plus difficile.)

* VOYAGE PITTORESQUE ET HISTORIQUE DE L'ESPAGNE, par le comte Alexandre de Laborde, membre de l'Institut et de la Chambre des Députés, publié en 91 livraisons, grand in-folio, contenant 271 planches et 4 vol. de texte, même format, imprimés par P. Didot avec les caractères de Bodoni. Prix de chaque livraison : 12 fr. Il en paraît 70 livraisons, et le tout sera publié, dans les premiers mois de 1826.

(C'est un Livre magnifique; il est supérieurement exécuté : chaque gravure mérite d'être encadrée, tant elles sont intéressantes et bien finies.)

* FASTES CIVILS DE LA FRANCE (LES), depuis l'Ouverture de l'Assemblée des Notables jusqu'à la Restauration; publiés par MM. Dupont (de l'Eure), Étienne, Manuel, membres de la chambre des députés; A.-V. Arnault, J.-P. Pagès, P.-F. Tissot, hommes de Lettres; et Alex. Goujon, ancien officier d'Artillerie. 10 vol. in-8., de 25 à 30 feuilles, sur papier fin satiné. Prix : 6 fr. le vol. et 7 fr. 50 c. franc de port.

(Il en paraît 3 vol. actuellement : ils ont ensemble 97 feuilles d'impression; la suite est retardée par la mort de M. Goujon, le Rédacteur en chef; mais l'Entreprise sera continuée sous peu de temps, d'après l'assurance que nous en donne toujours, dans son Catalogue, le nouvel Éditeur, M. Ladvocat.)

FIN.

CATALOGUE
DE LIVRES NOUVEAUX
ET AUTRES.

(Les Personnes qui recevront ce Catalogue sont priées de le communiquer aux Amateurs de Livres de leur connaissance : On leur enverra d'autres exemplaires *franc de port*, si Elles en font la demande : l'on ne recevra que les lettres affranchies.)

DICTIONNAIRE INFERNAL, ou Bibliothèque universelle des matières qui tiennent aux Apparitions, à la Magie, au commerce de l'Enfer, aux Divinations, aux Sciences secrètes, aux Grimoires, aux Prodiges, aux Superstitions diverses, aux choses Mystérieuses, Surprenantes, Merveilleuses, Surnaturelles, etc., etc., etc.; par M. Collin de Plancy. Deuxième édition, entièrement refondue, 4 forts vol. in-8°. de plus de 500 pages chacun, avec une livraison de Figures utiles au texte. Prix : 36 fr., et 42 fr. franc de port par la poste.

LE PORTEFEUILLE DE 1813, ou Tableau politique et militaire renfermant, avec le récit des événemens de cette période, un choix de la correspondance inédite de l'empereur Napoléon, et de celle de plusieurs personnages distingués, soit français, soit étrangers, pendant la première campagne de Saxe, l'armistice de Plesswitz, le congrès de Prague et la seconde campagne de Saxe; par M. de Norvins. 2 forts vol. in-8°. de plus de 500 pages chacun. Prix : 15 fr. et 18 fr. franc de port.

(Cet ouvrage, qui trouve sa place entre le *Manuscrit de 1813*, de M. le baron Fain, et la *Campagne de 1812*, de M. le général de Ségur, est fait pour intéresser vivement par la manière neuve avec laquelle il est traité. M. de Norvins a pris un rang honorable parmi les Historiens dans la *Biographie nouvelle des Contemporains*; par les articles BONAPARTE et NAPOLÉON, CATHERINE II, etc., et son *Tableau de la Révolution Française*; et parmi les Poëtes; par son beau Poëme sur l'*Immortalité de l'Ame*, etc., etc. Aussi le PORTEFEUILLE DE 1813 est si favorablement accueilli du public, qu'il n'en reste presque plus.)

L'HISTOIRE DE FRANCE, depuis son origine jusqu'à la paix de 1814; représentée en figures dessinées et gravées par David, peintre du cabinet du Roi; et accompagnées d'un texte historique et concis, par Ant. Caillot. 3 forts vol. in-8°. — *L'Histoire d'Angleterre*, depuis son origine jusqu'à la paix de 1814; également gravée et décrite par les mêmes. 1 vol. in-8°. Ces 4 volumes contiennent 112 belles gravures, exécutées avec le plus grand soin. Le prix d'origine était de 120 fr. Afin d'en faciliter l'acqui-

CHOIX DE FABLES d'Ésope, de La Fontaine, de Florian et autres célèbres auteurs anciens et modernes, destinées à l'amusement et à l'éducation de la jeunesse; ornées de 14 belles figures litographiées chez Engelmann; volume in-8°. oblong élégamment cartonné. Prix : 8 fr. fig. noires, et 12 fr. fig. color. avec soin. — 75 c. de plus pour le recevoir BROCHÉ fr. de port.

LA COURONNE DES DEMOISELLES, ou Choix de traits de piété, de vertu, de courage, de grandeur d'âme, offerts à la jeunesse; volume in-8°. oblong, orné de 12 belles figures lithographiées chez Engelmann, joliment cartonné. Prix : 10 fr. fig. noires, et 15 fr. fig. coloriées avec soin. — 75 c. de plus pour le recevoir BROCHÉ franc de port.

4

sition, on donne les 4 volumes pour 40 fr. et 45 fr. franco. —
Il y a dix exemplaires sur papier *vélin*, avec figures, premières
épreuves. Prix : 120 fr. ; et quelques exemplaires figures bistre
sanguin. Prix : 70 fr., et 75 fr. franc de port.

(Cet ouvrage est parfaitement exécuté ; le nombre considérable
de figures qui s'y trouvent le rend aussi agréable qu'utile ; il
plaira particulièrement aux Dames et à la Jeunesse, et les Savans
ne dédaigneront pas de le placer dans leur bibliothèque. Les
quatre volumes sont couverts d'une jolie *couverture imprimée*, et
dispense de faire relier l'ouvrage, qui peut être placé, tel qu'il est,
dans les bibliothèques les plus soignées.)

PRÉCIS DE L'HISTOIRE POLITIQUE ET MILITAIRE DE L'EUROPE,
depuis l'année 1783 jusqu'à l'année 1814 ; contenant le récit
des troubles de la Hollande et du Brabant, des guerres entre
la Russie et l'Autriche, la Porte-Ottomane et la Suède ; du partage de la Pologne, de la Révolution Française et des événemens qui en ont été la suite ; des Révolutions d'Espagne, de
Portugal et de Suède ; de l'abdication de Napoléon, et du ré-
tablissement des Bourbons sur le trône de France ; etc., etc.
Par J. Bigland ; trad. de l'anglais, et augmentée et continuée
jusqu'en 1819, par J. Mac-Carthy. 3 forts volumes in-8°. Prix :
21 fr. et 25 fr. franco. sur papier vélin, 42 fr. et 45 fr. franco.

(Le nom du docteur Bigland et le succès soutenu que cet Ouvrage
a obtenu en Angleterre ne nous avaient pas trompé. L'histoire
de l'Europe, élégamment traduite par E. Mac-Carthy, est mainte-
nant honorée de l'estime générale, et se place dans toutes les bonnes Bibliothèques : c'est une Histoire vraiment Nationale.)

MÉMOIRES HISTORIQUES SUR FERDINAND VII, roi des Espa-
gnes, et sur les événemens de son règne ; par D*** ; trad. de
l'espagnol en anglais, par Quin ; et en français par M. G. H. ;
accompagnés de notes et de pièces officielles, et ornés d'un beau
portrait du Roi d'Espagne. 1 fort vol. in-8°. Prix : 6 fr. et 7 fr.
25 c. franc de port.

(Le règne aventureux de Ferdinand VII, sa captivité en France,
les causes qui l'ont amenée, les révolutions qui ont suivi son ré-
tablissement, et qui se continuent, tant d'événemens bizarres rendent cet ouvrage un des plus curieux des *Mémoires* contemporains.)

VOYAGE A L'ILE-DE-FRANCE, DANS L'INDE ET EN ANGLE-
TERRE ; suivi de Mémoires sur les Indiens, sur les Vents des
mers de l'Inde, et d'une Notice sur la vie du général Benoist De-
boigne, commandant l'armée marate à Scindia ; par le docteur
Brunet. 1 fort vol. in-8°. Prix : 6 fr. ; et 7 fr. 25 c., franco.

(Ce voyage offre un tableau exact de l'Inde, des mœurs, usages et langage de ses habitans ; du commerce immense qu'y font

les Anglais; de leurs forces et de leur puissance ; des documens historiques sur la dernière guerre du sultan Tipoo contre les Anglais, et du partage de ses états par ces derniers, etc., etc.; des découvertes nouvelles; de la vue et du passage à Ste.-Hélène ; du climat d'Angleterre, de sa population, des mœurs et usages de ses habitans, etc., etc. —(L'auteur ayant séjourné plusieurs années dans les diverses contrées qu'il décrit, en parle en Observateur instruit qui a vu, et il relève bien des erreurs qui avaient été commises et accréditées par ses Devanciers, ce qui rend son Ouvrage indispensable à Ceux qui font ce Voyage, et satisfaisant à Ceux qui veulent s'instruire sans voyager.)

* CHARTE TURQUE, ou Organisation religieuse, civile et militaire de l'empire Ottoman : suivie de quelques réflexions sur la guerre des Grecs contre les Turcs; par M. Grassi (Alfio), officier supérieur, chevalier de la Légion-d'Honneur. 2 forts vol. in-8°., ornés de fig. Prix : 15 fr. et 18 fr. franco.

(Cet Ouvrage est le résultat de longues observations faites par L'auteur; tout y est nouveau pour nous, et la vérité y brille dans tout son jour : son succès rapide prouve l'intérêt qu'il inspire.)

BIOGRAPHIE DES ENFANS CÉLÈBRES, ou Histoire abrégée des jeunes héros, des jeunes poëtes, des jeunes savans, des jeunes artistes, des jeunes filles célèbres, etc., etc., et généralement de tous les personnages qui se sont illustrés avant l'âge de vingt ans, par leurs vertus, leur bravoure, leurs écrits, leur génie précoce, etc., etc., dans tous les temps et chez tous les peuples du monde ; Par madame Gabrielle de P... Ouvrage destiné à l'instruction et à l'amusement de la jeunesse de l'un et de l'autre sexe. Seconde édition. 2 forts vol. in-12, beau papier, ornés de 12 jolies gravures. Prix : 8 fr., et 9 fr. 50 c. franco.

Le même, papier vélin, 16 fr. et 17 fr. 50 c. franco.

(Cet Ouvrage est le meilleur et le plus intéressant que l'on puisse faire lire aux Enfans : ce doit être le premier Livre de leur Bibliothèque : il leur plaira encore dans l'âge le plus avancé.)

DICTIONNAIRE DE L'ANCIEN RÉGIME ET DES ABUS FÉODAUX, ou les Hommes et les Choses des neuf derniers siècles de la monarchie française; ouvrage où l'on trouvera des notions alphabétiques et raisonnées sur les institutions, les usages, les ... ditions, les abus, les excès et les crimes de l'oligarchie féoavec une biographie abrégée des principaux personnages n furent les fondateurs et les complices ; et des détails ...teressans sur les principaux événemens de notre histoire, sur les sciences et les arts, sur les mœurs, sur l'origine des principales familles nobles de France , etc., etc. ; par M. D*** de P***.

1 fort vol. in-8°. Seconde édition, revue, corrigée et augmentée par l'auteur; beau papier, couverture imprimée. Paris, 1826. Prix : 7 fr. 50 c., et 9 fr. franc de port par la poste.

(Les Féodaux crient que la Féodalité n'est plus et ne saurait renaître; mais si son fantôme épouvante, il faut le combattre et le chasser. Tel est l'objet de ce livre, aussi utile qu'instructif et amusant, destiné à détruire l'erreur et à faire circuler la vérité : *Paroles de l'Auteur.*)

LE DIABLE PEINT PAR LUI-MÊME, ou Galerie de petits romans et de contes merveilleux sur les aventures et le caractère des démons, leurs intrigues et leurs amours, et les services qu'ils ont pu rendre aux hommes, extrait ou traduit des écrivains les plus respectables. Deuxième édition. 1 vol. in-8°., orné d'une belle figure en taille-douce et d'une jolie couverture imprimée. Prix : 6 fr. et 7 50 c. franc de port.

(Cette deuxième édition vient de paraître : la première a obtenu beaucoup d'éloges. Ce livre est, en effet, un des plus singuliers ouvrages qui aient paru depuis long-temps. L'histoire critique des démons, leurs métamorphoses nombreuses, leurs malices, les services qu'ils nous ont rendus, leurs faiblesses et leurs peines, la liste des personnages à qui ils ont tordu le cou, de ceux qui nous ont rapporté des nouvelles de l'enfer, de ceux qui ont fait cas des démons, des femmes qui ont pris parmi eux leurs amans, tout est traité dans cet Ouvrage et entremêlé d'une centaine de contes prodigieux très-amusans, extraits des démonomanes, des légendaires, etc. L'édition est tirée à très-petit nombre.)

MAHOMET II, ou la Prise de Constantinople, 2 vol. in-12, couverture imprimée. 2e. édition. Prix : 5 fr. et 6 fr. franc de port.

(Le sujet de ce roman, éminemment dramatique, est peut-être un des plus intéressans que l'on connaisse. L'histoire est elle-même un roman très-animé vers cette époque, et l'auteur a su en faire une nouvelle attendrissante sans altérer la vérité.)

OEUVRES DE MIRABEAU L'AINÉ, précédées d'une notice sur sa vie et ses ouvrages; par M. Mérilhou. 9 volumes in-8°., très-beau papier satiné. Prix : 63 fr. et 75 fr. franc de port. (Cette édition est la plus belle qui ait existé des *OEuvres* de ce célèbre Orateur. Elle contient ses beaux *Discours à l'Assemblée Constituante*, ses *Lettres de Cachet*, sur les *Prisons d'État*, ses *Lettres à Sophie*, etc., etc. Rien n'a été négligé pour rendre cette Collection digne de l'importance des Chefs-d'OEuvre qu'elle contient, et la faire rechercher des Amateurs.)

BIOGRAPHIE NOUVELLE (LA) DES CONTEMPORAINS, ou Dictionnaire historique et raisonné de tous les hommes qui, depuis la révolution française, ont acquis de la célébrité par leurs actions, leurs écrits, leurs erreurs ou leurs crimes, soit en

France, soit dans les Pays étrangers ; précédé d'un tableau chronologique des événemens remarquables depuis 1787 jusqu'à ce jour, etc , etc. ; par MM. Arnault, Jay, Jouy, et Norvins, 20 vol. in-8., ornés de portraits. Prix : 180 fr. — Sur papier vélin, 360 fr —10 fr. de plus pour le port.

(C'est le meilleur *Dictionnaire historique* moderne qui ait été publié : aussi son succès est très-grand, et il ne reste plus que quelques exemplaires de cet important ouvrage.)

DICTIONNAIRE HISTORIQUE ET CRITIQUE DE PIERRE BAYLE, nouvelle édition, augmentée de notes extraites de Chauffepié, Joly, La Monnaie, L.-J. Leclerc, Leduchat, Prosper Marchand, etc., etc., publié par M. Beuchot. 16 gros vol. in-8., beau papier. Prix : 144 fr. et 160 fr. franc de port.

(C'est un Ouvrage indispensable dans une Bibliothèque; il est lui-même une bonne Bibliothèque : c'est un trésor de connaissances aussi savantes qu'utiles.)

TABLEAUX, STATUES, BAS-RELIEFS ET CAMÉES de la galerie de Florence et du palais Pitti, dessinés par Wicar, peintre, et gravés sous la direction de Marquelier, de l'académie de Rome, avec les explications, par Mongez, de l'académie des sciences ; 50 livraisons in-f°., formant quatre gros volumes.

(Magnifique Ouvrage, l'un des plus beaux qui aient été exécutés jusqu'alors, et dont il ne reste que quelques exemplaires.) Prix : 1200 fr. brochés, et 125 fr. reliés, maroquin à la Bradel; 20 fr. de plus pour le recevoir franc de port.

VOYAGES DE L'OURS DE SAINT-CORBINIAN ; Aventures du Chat de Gabrielle ; Histoire philosophique du Pou voyageur, ou Journal de la vie des trois Animaux philosophes, avec une petite apologie, des notices et des remarques, publié par M. J. Saint-Albin. 1 fort vol. in-12, avec une jolie gravure en taille-douce et une couverture imprimée; seconde édition. Prix : 3 fr. 75 c. et 4 fr. 50 c. franco.

(La bizarrerie de cet ouvrage, la multitude de choses amusantes qu'on y trouve, en a assuré le succès, et nous a déterminés à le réimprimer, d'après les demandes réitérées des Amateurs.)

LES CONTES NOIRS, ou les Frayeurs populaires, nouvelles, contes, aventures merveilleuses. etc. ; par M. J. Saint-Albin. 2 vol. in-12, fig. Prix : 5 fr. et 6 fr. franc de port.

(Il reste peu d'exemplaires de ce singulier et intéressant Ouvrage, qui a obtenu le plus grand succès.)

RÉALITÉ DE LA MAGIE ET DES APPARITIONS, ou Contrepoison du *Dictionnaire Infernal*, ouvrage dans lequel on prouve par une multitude de faits authentiques, et par une foule d'autorités incontestables, l'existence des Sorciers, la certitude des

Apparitions, la foi due aux Miracles, la vérité des Possessions, etc., etc., précédé d'une *histoire très-précise de la Magie*. Un vol. in-8°. Prix : 3 fr. et 3 fr. 50 c. franc de port.

(Cette critique du *Dictionnaire Infernal*, signée de l'abbé Simonnet, est si curieuse par les choses qu'elle renferme et les grosses injures adressées à M. Collin de Plancy, que nous en avons acquis le fonds pour les Amateurs, qui pourront la placer à côté de la première ou de la deuxième édition de notre *Dictionnaire*. Il n'en reste plus que quelques exemplaires, qui deviendront bientôt rares.)

BIOGRAPHIE UNIVERSELLE DES SOUVERAINS DE LA TERRE qui ont péri de mort violente, ou Histoire abrégée des principaux personnages du monde, depuis la plus haute antiquité jusqu'à ce jour, avec les causes et circonstances de leur mort. Nouvelle édition augmentée de la vie et de la mort de Monseigneur le Duc de Berry, et de celle de Napoléon Bonaparte, 2 vol. in-12, ornés de 8 belles figures, couverture imprimée. Prix : 7 fr. 50 c., et 9 fr. par la poste.

(Cet ouvrage, qui réunit dans un cadre étroit ce que l'histoire de tous les temps et de tous les pays a de plus intéressant, sera lu avec empressement et intérêt par la jeunesse, et médité par l'âge mûr : peu d'Ouvrages ont obtenu un aussi grand succès.)

CAMPAGNE DE 1815, ou Relation des opérations militaires qui ont eu lieu en France et en Belgique, pendant les *Cent Jours*, écrite à Sainte-Hélène par le général Gourgaud. 1 vol. in-8°. orné d'une belle carte. Prix : 4 fr. 50 c., et 5 fr. 50 c. franco.

(Il ne reste plus que quelques exemplaires de cet important Ouvrage, qui retrace les derniers efforts des Armées Françaises pour la défense de leur Patrie et de son Indépendance; il sert d'introduction aux Mémoires des généraux Gourgaud, Montholon et Ségur, ainsi qu'à ceux de MM. de Las-Cases, O'Méara et Antommarchi.)

DICTIONNAIRE CRITIQUE ET RAISONNÉ DES ÉTIQUETTES DE LA COUR DE FRANCE, des usages du monde, des amusemens, des modes, des mœurs, etc., des Français, depuis la mort de Louis XIII jusqu'à nos jours, contenant le tableau de la cour, de la société et de la littérature du dix-huitième siècle, ou l'Esprit des étiquettes et des usages anciens comparés aux modernes, par madame de Genlis; 2 gros vol. in-8°. Prix : 12 fr., et 15 fr. franc de port par la poste.

(Ces 2 vol. doivent être placés en tête des Nouveaux Mémoires de mad. de Genlis: ils en sont en quelque sorte *l'introduction*. Il ne faut pas confondre cet Ouvrage important avec un faible extrait que vient d'en publier son Auteur dans ses *Mémoires*, à la fin du tome 10; c'est plutôt un *supplément* à notre *Dictionnaire des Étiquettes*, que son extrait.)

LA FRANCE SOUS SES ROIS, ou Essai historique sur les causes qui ont préparé et consommé la chute des trois premières dynasties de la monarchie française; par Dampmartin. 5 forts vol. in-8°. Prix : 3o fr., et 35 fr. franc de port.

(Il reste très-peu d'exemplaires de cet important Ouvrage, l'un des plus curieux qui aient paru sur l'histoire de France.)

HISTOIRE DE LA RÉVOLUTION DE L'AMÉRIQUE ESPAGNOLE, ou Récit de l'origine et de l'état actuel de la guerre entre l'Espagne et l'Amérique espagnole; traduit de l'anglais. Seconde édition, revue, corrigée et augmentée du précis des événemens survenus en Amérique depuis la fin de 1819 jusqu'à ce jour; de la Constitution des provinces-unies de l'Amérique du Sud; de l'acte *Constitutionnel de la Confédération mexicaine*; de la *Proclamation du Congrès Constituant au Peuple*, et de notices biographiques sur les principaux chefs des Indépendans; 1 fort vol. in-8°. Prix : 6 fr., et 7 fr. 5o c. franc de port par la poste.

HISTORIQUE (PRÉCIS) DES ÉVÉNEMENS POLITIQUES ET MILITAIRES QUI ONT AMENÉ LA RÉVOLUTION D'ESPAGNE, par M. Jullian. 1 fort vol. in-8. Prix : 6 fr., et 7 fr. 25 c. franc de port par la poste.

(Cet Ouvrage est le complément de l'Article ci-dessus, qui l'a précédé, et dont il ne reste plus que quelques exemplaires. Si l'on y joint les MÉMOIRES SUR FERDINAND VII, qui viennent d'être publiés, l'on aura tout ce qui a paru de plus intéressant et de plus curieux sur l'Espagne et ses Colonies. (*Voyez* page 4 de ce Catalogue.)

HISTOIRE de plusieurs aventuriers fameux, depuis la plus haute antiquité jusqu'à nos jours; qui par leurs impostures, leurs crimes et leur audace se sont emparés du pouvoir, des dignités des souverains, ont abusé de la crédulité des peuples, ont occasioné des révolutions sanglantes et causé des guerres cruelles. 2 vol. in-12. Prix : 5 fr. et 6 fr. par la poste.

(Il reste très peu d'exemplaires de ce Livre intéressant.)

LETTRES inédites de Voltaire, de madame Denys et de Colini, adressées à M. Dupont, avocat au conseil général de Colmar; précédé d'un jugement philosophique et littéraire sur Voltaire, et suivies d'une épître au roi de Prusse, et de fragmens de lettres à Grimm, Diderot, et autres; 1 vol. in-8. Prix : 4 fr. 5o c. et 5 fr. 4o c. franc de port par la poste.

Les mêmes, in-12 et in-18. Prix : 3 fr. 5o c. et 4 fr. 1o c. franc de port par la poste.

(Ce supplément aux Œuvres de Voltaire est indispensable à tous Ceux qui possèdent la Collection de cet Auteur : il complète toutes les Éditions parues, anciennes et nouvelles, et ne se trouve dans aucune de Celles qui ont été publiées jusqu'à ce jour.)

LIBRES MÉDITATIONS D'UN SOLITAIRE INCONNU, sur le détachement du monde, et sur d'autres objets de la morale religieuse; publiées par M. de Senancourt, auteur de plusieurs Ouvrages Philosophiques et l'un des Collaborateurs du *Constitutionnel.* 1 fort vol. in-8. Belle édition. Prix : 6 fr. et 7 fr. 5o c. franc de port. (Il ne reste plus que quelques exemplaires de cet intéressant Ouvrage, quoiqu'il n'ait point été annoncé dans les journaux.)

MACÉDOINE (la) LIBÉRALE, ou faits, événemens, récits, anecdotes, saillies, naïvetés, maximes, contes, fables, épigrammes, chansons, etc., etc., extraits de journaux, écrits, brochures, ouvrages imprimés et inédits, publiés depuis douze ans. Un très-joli vol. in-12, orné de deux belles gravures. Prix : 3 fr. 75 c., et 4 fr. 5o c. franc de port.

(C'est un des recueils le plus varié et le plus amusant qui existe ; l'Auteur y a réuni des Anecdotes fort piquantes et qui intéresseront dans tous les temps.)

*MÉMOIRES SUR LA VIE PRIVÉE DE MARIE-ANTOINETTE D'AUTRICHE, REINE DE FRANCE, par madame Campan, lectrice de Mesdames filles de Louis XV, et femme de chambre de la reine ; depuis directrice de la maison royale d'Éducation d'Écouen. Cet ouvrage, augmenté de souvenirs, de portraits, d'anecdotes, est sans contredit le livre le plus piquant et le plus curieux qu'on ait écrit sur l'intérieur de la Cour pendant la fin du dernier siècle ; dernière édition en 4 vol. in-12, tirés sur beau papier, et ornés de figures et du portrait de madame Campan. Prix : 12 fr. et 15 fr. franc de port.

(Le succès étonnant de cet intéressant Ouvrage dispense d'en faire l'éloge. Il reste encore quelques exemplaires de la dernière Édition, qui est la plus Correcte et la mieux Soignée de toutes celles qui ont été publiées.)

MÉDECINE (PETITE) DOMESTIQUE , ou moyens simples et faciles de secourir les malades, les blessés, les asphyxiés, les empoisonnés, etc., avec la manière de soigner les femmes enceintes ou nouvellement accouchées, dans les accidens qui peuvent leur survenir ; suivie d'un traité sur la vaccine, de quelques observations utiles sur les enfans nouveaux-nés, sur la manière de les nourrir et sur les soins qu'on doit leur donner pour éviter les maladies et les difformités auxquelles ils sont exposés ; par M. Bésuchet, chirurgien. 1 vol. in-12. Prix : 3 fr. et 3 fr. 5o c. franc de port.

(Cet Ouvrage est d'une utilité journalière ; il est indispensable à tous les maîtres et maîtresses de Maison, surtout à ceux qui habitent la Campagne et qui ne peuvent pas se procurer de suite les Secours d'un Médecin, dans des accidens qui exigent de prompts secours.)

*NAUFRAGE DU BRICK FRANÇAIS LA SOPHIE, perdu sur la côte

occidentale d'Afrique, et captivité d'une partie des naufragés dans le désert de Sahara, avec de nouveaux renseignemens sur la ville de Timectou; ouvrage orné d'une carte, par M. Lapie, et de onze planches dessinées par H. Vernet, et autres artistes distingués; par M. Charles Cochelet, ancien payeur de l'armée de Catalogne, et l'un des naufragés. Paris, 1821. 2 forts vol. in-8. Prix : 15 fr. et 17 fr. 50 c. franc de port : et 1 fr. de plus, sur papier satiné.

(Il ne reste plus que quelques exemplaires de cet intéressant et très-bel Ouvrage, qui a obtenu un succès mérité.)

PETIT ALMANACH LÉGISLATIF, ou la Vérité en riant sur nos députés; 3e. édition, revue et augmentée de notes, d'un *postscriptum*, de la Lettre d'un électeur à M. de Chabrol, etc., etc. 1 vol. in-12. Prix : 3 fr., et 3 fr. 50 c. par la poste.

(C'est la Biographie la plus piquante de toutes Celles qui ont paru sur nos Députés. Malgré que les journaux n'aient pu l'annoncer, il ne reste plus que très-peu d'exemplaires de la 3e. édition de cet intéressant Ouvrage qui sera toujours lu avec un nouvel intérêt.)

QUATRE (LES) AGES; seconde édition, suivie de la Complainte au Zéphyre, ou le portrait d'une jeune Fille par un Papillon; par Ch. Pougens, membre de l'académie française. 1 vol. in-18. Imprimerie de P. Didot. Prix : 3 fr. 50 c. et 3 fr. 75 c. franco. Papier vélin.

(C'est un des plus jolis Ouvrages de M. Pougens; il n'en reste plus que quelques exemplaires, sur papier VÉLIN; le papier ordinaire est épuisé.)

TABLEAU HISTORIQUE DES DÉCOUVERTES et établissemens des Européens dans le nord et dans l'ouest de l'Afrique, jusqu'au commencement du dix-neuvième siècle; augmenté du voyage de Horneman dans le Fezzan, et de tous les renseignemens qui sont parvenus depuis à la société d'Afrique sur les empires de Bornou, du Cashna et du Monou; ouvrage publié par la société d'Afrique, et traduit de l'anglais par Cuny. 2 forts vol. in-8., papier fin. Prix : 10 fr., et 13 fr. par la poste.

(Il reste très-peu d'exemplaires de ce bon Voyage, qui tient lieu de tous ceux qui ont été écrits sur l'Afrique.)

THÉÂTRE DE VILLE ET DE SOCIÉTÉ, précédé de contes moraux; par M. Vernes de Luze, auteur de *Mathilde au Mont-Carmel*, d'*Adélaïde de Clarence*, des *Voyages sentimentals à Iverdun, en France et aux Alpes*, etc., etc. 2 forts vol. in-8. Prix : 10 fr., et 12 fr. 50 c. franc de port.

(Peu d'Auteurs ont cultivé en France le genre du *Conte moral*; néanmoins en est-il de plus propre à nous intéresser, à nous présenter le tableau des mœurs, des ridicules ou des convenances sociales, nous tracer la route des vertus aimables et du vrai bonheur dans des cadres assez étendus pour s'embellir des charmes d'une fiction un peu soutenue, et trop bornés pour fatiguer l'attention ? Il était réservé à M. Vernes de Luze de traiter ce sujet d'une manière qui lui a parfaitement réussi.)

VIE (LA) D'ÉROSTRATE, découverte par Alexandre Verri, auteur des *Nuits romaines* et des *Aventures de Sapho*; traduite de l'Italien par A. C. 1 vol. in-12, orné d'une très-jolie gravure. Prix : 2 fr. 50 c., et 3 fr. franc de port.

(Cet Ouvrage est un des plus intéressans et des mieux écrits qui aient paru en ce genre ; il a l'intérêt du meilleur roman basé sur les faits Historiques les plus Curieux.)

*VOYAGE CRITIQUE A L'ETNA, en 1819; par J.-A. de Gourbillon. 2 forts vol. in-8., ornés de gravures et de cartes parfaitement exécutées. Prix : 13 fr., et 16 fr. par la poste.

(Cet Ouvrage offre les détails les plus intéressans sur l'Etna, Naples, la Sicile et les principales villes d'Italie. Il en reste encore quelques exemplaires : l'édition tire à sa fin.)

VOYAGE EN CHINE, ou Journal de la dernière ambassade anglaise à Pékin, contenant les négociations qui ont eu lieu dans cette circonstance, la relation de la traversée de la Chine et du retour en Europe, et enfin celle du voyage par terre de l'ambassade, depuis l'embouchure de Péi-ho jusqu'à Canton ; mêlé d'observations sur l'aspect du pays, sur le caractère moral et sur les mœurs de la nation chinoise; par M. Ellis, secrétaire de l'ambassade; et traduit de l'anglais par J. Mac-Carthy. 2 gros vol. in-8., ornés de jolies gravures et de belles cartes. Prix : 15 francs, et 18 fr. franc de port par la poste.

—Le même *Voyage en Chine*, papier vélin, figures coloriées, avec le plus grand soin. Prix : 30 fr., et 33 fr. franc de port.

(Ce voyage est le complément de celui de lord Macartney; il est le dernier qui a paru sur ce grand Empire et qui a donné le plus de détails intéressans sur ce qui s'y passe.)

ABEL, ou les Trois Frères; par Ch. Pougens, de l'académie des inscriptions et belles-lettres. 1 vol. in-12, papier fin. Prix : 3 fr., et 3 fr. 50 c. franc de port.—Sur papier vélin, 5 fr. et 5 fr. 50 c. par la poste.

(Ouvrage du plus grand intérêt, présenté sous la forme du roman, et dont l'auteur assure qu'il n'y a pas une seule des circonstances rapportées qui ne soit vraie.)

AMOUR (DE L'); par l'auteur de l'*Histoire de la Peinture en Italie*, et des *Vies de Haydn, Mozart, Métastase*, etc., etc., 2 forts vol. in-12, belle édition. Prix : 5 fr. et 6 fr. 40 c. franc de port par la poste.

(Cet Ouvrage singulier est rempli d'Anecdotes piquantes et

pleines d'intérêt ; il a été avantageusement analysé par le *Courrier*
le *Constitutionnel* et autres journaux.)

CONTES de P. Ph. Gudin, précédés de recherches littéraires sur
l'origine des contes. 2 vol. in-8. Le premier contient des recher .
ches savantes et curieuses sur l'origine des Contes ; le second
contient des Contes en vers , dans le genre de ceux de La Fontaine, Grécourt et Vasselier. Le prix des deux vol. est de 10 fr.
et de 12 fr. 50 c. franc de port.

(Il ne reste plus que très-peu d'exemplaires de cet Ouvrage ,
quoiqu'il n'ait jamais pu être annoncé. L'auteur, ancien Secrétaire de Beaumarchais, est mort il y a quelques années.)

*DICTIONNAIRE FRANÇAIS-ITALIEN ET ITALIEN-FRANÇAIS ,
composé sur la dernière édition du Dictionnaire de l'académie
della Crusca, sur celui d'Alberti, etc.; sur les meilleurs diction-
naires français, de l'Académie , de Wailly, Boiste, etc ; par Bar-
beri, auteur de la *Grammaire des Grammaires* , etc., etc. Deux
forts vol. in-16, carré, de près de 1200 pages, dernière édit.
Prix : 10 fr. et 12 fr. franc de port.

ELLEN DE PERCY , ou Leçons de l'Adversité , roman moral traduit
de l'anglais sur la troisième édition , par mademoiselle de M...
3 forts vol. in-12, de près de 800 pages. Paris, 1822. Prix : 6 fr.,
et 7 fr. 50 c. franco.

(Cet intéressant Ouvrage est plutôt un joli *Cours d'Éducation*
qu'un Roman ; il peut être donné sans crainte aux jeunes personnes : il sera lu avec intérêt par tout le monde.)

FABLES POLITIQUES de M. le baron de Stassart, membre des
académies de Lyon, Marseille, etc.; 4e. édition, imprimée par
Didot. 1 vol. in-18, fig. Prix : 2 fr. 50 c. et 3 fr. par la poste.
Les mêmes, 1 vol. in-12 , fig. 3 fr. et 3 fr. 50.

FABLES de La Fontaine ; traduites en anglais par Thompson , avec
une notice sur sa vie, et son portrait. 4 vol. in-8°. , ornés de 16
belles figures. Prix : 12 fr. et 15 fr. franco.

(Ouvrage indispensable à ceux qui veulent étudier la langue
anglaise avec fruit, et connaître le meilleur de nos poëtes.)

FAUSSES (LES) APPARENCES, ou le père inconnu, traduit de l'anglais par madame Élisabeth de Bon , traducteur de *la Dame du
Lac*, du *Devoir*, etc. (Ouvrage des plus intéressans, et qui a le
plus contribué à la gloire littéraire de son auteur.) 2 vol. in-12.
Prix : 5 fr. et 6 fr. franc de port par la poste.

LETTRES inédites de Henri IV à madame de Grammont, à Jean
d'Harambure, à Henri III, à Jean de Foucauld, à Joachim de
Saint-Georges, seigneur de Nérac, à Élisabeth d'Angleterre, etc.
avec des lettres de Catherine de France, sœur de Henri IV, et
autres personnages distingués. 1 fort vol. in-12. Prix : 3 fr. et
3 fr. 75 c. franc de port.

(Ce recueil des Lettres du meilleur de nos Rois et de plusieurs
grands Personnages de son temps sera toujours lu avec intérêt : le
souvenir du bon Henri IV ne cessera d'être cher aux Français.)

MAHOMET II, tragédie en cinq actes, par Baour-Lormian; in-8.
2 fr. et 2 fr. 25 c. franco.

(Il ne reste que très-peu d'exemplaires de cette belle Tragédie.)

MANUEL DES FRANÇAIS SOUS LE RÉGIME DE LA CHARTE, par
Alexandre Goujon; seconde édition, augmentée de toutes les
lois proclamées dans la session de 1819; vol. in-8. Prix : 3 fr., et
3 fr. 50 c. franco.

(Cet Ouvrage est indispensable à tous les Fonctionnaires publics,
à tout Français qui s'occupe de la conservation de ses Droits politiques et qui veut remplir les Devoirs d'un bon Citoyen.)

MÉNANDRE ET GLYCÈRE, ou la Bouquetière d'Athènes, très-joli
roman; traduit de l'allemand de Wiéland, par J. G. 1 vol. in-12.
Prix : 2 fr. et 2 fr. 50 c. par la poste.

(C'est un des plus jolis romans de Wiéland, auteur d'Aristippe.)

VOYAGE A TRIPOLI, ou Relation d'un séjour de dix années en
Afrique, contenant des renseignemens et des anecdotes authentiques sur le pacha régnant, sur sa famille, sur la
cour de Tripoli, ainsi que des observations sur les mœurs pri-
vées des Maures, des Arabes et des Turcs; traduit de l'anglais
par J. Mac-Carthy. 2 forts vol. in-8°., avec de belles cartes et fig.
Prix : 15 fr., et 18 fr. par la poste. (Cet ouvrage des plus curieux, et dont il ne reste plus que très-peu d'exemplaires, est
le seul qui donne des renseignemens certains et précieux sur
le gouvernement, les mœurs et les usages de ces peuples.)

VOYAGE DU PRINCE PERSAN MIRZA ABOULTALEB KAN, en
Asie, en Afrique et en Europe, écrits par lui-même, et publiés
par Charles Malo; deuxième édition. 1 fort vol. in-8°. Prix : 6 fr.
et 7 fr. 50 cent. par la poste. (Ce Voyage est intéressant : tout
le monde sait que ce Prince était à Paris il y a peu d'années.)

* VRAIE IDÉE DU SAINT SIÉGE, en deux parties, par l'abbé dom
Pierre Tamburini de Brescia, professeur de l'université I. et R.
de Pavie, chevalier de la couronne de fer; traduit de l'italien
sur l'édition publiée à Milan en 1818. 1 fort vol. in-8°. Prix :
6 fr., et 7 fr. 50 c. par la poste.

(Cet Ouvrage est du plus haut intérêt; il est écrit avec force,
rempli d'érudition et contient des recherches et citations aussi
curieuses que savantes. Les discussions actuelles sur les préten-
tions de la Cour de Rome le mettent à l'Ordre du Jour.)

* MANUEL DES JEUNES MÈRES, par Th. Léger, docteur en médecine de la faculté de Paris, 1 vol. in-8. d'environ 360 pages.
Prix : 5 fr. et 6 fr. 25 c. franc d port.

(Il n'est point de jeune femme qui ne se hâte d'acquérir cet
Ouvrage : elle y trouvera un guide sûr pendant sa grossesse, à la
naissance de son enfant, dans le cours de l'allaitement, lors du
sevrage, et pour les premières années de l'enfance.)

ARISTIPPE, et quelques-uns de ses Contemporains, par Wiéland, traduit de l'allemand par Lamarre, 7 vol. in-12, ornés
de cinq portraits. Prix : 15 fr. et 18 fr. franc de port.

(Il ne reste plus que très-peu d'exemplaires de cet Ouvrage, qui
est un des meilleurs que Wiéland ait publiés.)

* VUES DES COTES DE FRANCE DANS L'OCÉAN ET DANS LA
MÉDITERRANÉE, peintes et gravées par M. Louis Garneray,
décrites par M. E. Jouy, de l'Académie française. (Cet ouvrage
paraît par livraison, composée de quatre gravures et d'un texte
in-folio. Prix : 12 fr. la livraison et 13 fr. 50 c. franc de port.

(C'est l'Ouvrage le mieux exécuté qui ait encore paru en ce genre.
Il y aura douze livraisons : celles parues font désirer les autres,
car elles sont d'une très-belle exécution.)

CHRONIQUE (LA) DES CHAMPS DE BATAILLE, ou la bravoure
française en action, recueil d'actes héroïques des soldats français, à l'usage et pour l'exemple de leurs successeurs, etc., etc. ;
par M. de P. 1 fort vol. in-12. Prix : 3 fr. et 3 fr. 50 c. franco.

(Les *Victoires et Conquêtes* ont raconté les Exploits des Offi-
ciers Français ; ce petit Ouvrage est particulièrement destiné à
transmettre à la postérité les Belles Actions et les Hauts-faits d'armes de nos Braves, pris dans tous les Grades : il doit intéresser
tous les vrais Amis de la Gloire Nationale.)

ÉTAT ACTUEL DE L'INDUSTRIE FRANÇAISE, ou Coup-d'œil
sur l'Exposition des Produits de nos Arts et Manufactures en
1819, par M. E. Jouy, membre de l'Institut, auteur des HER-
MITES en prison, en liberté, etc., etc , 1 vol. in-8°. Paris, 1822.
Prix : 4 fr., et 4 fr. 50 cent. franc de port.

(Cet intéressant Ouvrage ne se trouvera pas dans la Collection des
OEuvres de l'Auteur : cependant il est bien digne d'en faire partie,
et c'est rendre service à ses nombreux lecteurs que de le leur
indiquer ici. Il en reste très-peu d'exemplaires.)

THÉODORA, femme de Justinien, roman historique dans le genre
du *Bélisaire* de Marmontel ; par M. le marquis de Vaquier-Li-
mon, major de cavalerie, chevalier de Saint-Louis, auteur du
roman d'*Augusta*, et autres Ouvrages intéressans ; 3 parties en
deux vol. in-12. Prix : 5 fr. et 6 fr. par la poste.

(Il ne reste plus que très-peu d'exemplaires de cet intéressant
Roman, qui sera toujours lu avec plaisir.)

*MÉMOIRES HISTORIQUES ET POLITIQUES DE M. LE CHEVALIER
DE FONVIELLE, de Toulouse, secrétaire de l'académie des

Ignorans. 4 forts vol. in 8. de plus de 500 pages chacun. Prix :
30 fr. et 36 fr. franco. (Ces Mémoires obtiennent beaucoup de
célébrité par diverses attaques faites à l'Auteur , et la chaleur
qu'il a mise à défendre ses assertions : on ne peut se dispenser
de les placer à la suite de la *Collection des Mémoires sur la révolution française*, dont ils retracent des Événemens importans.

LAURE D'AREZZO, anecdote du seizième siècle, par Louis ***
vol. in-12. Prix : 2 fr. 50 c. et 3 fr. franco. (Charmant roman
nouveau, et dont il reste peu d'exemplaires.)

* ESSAI HISTORIQUE SUR LES MODES ET LA TOILETTE FRAN-
ÇAISE, par le chevalier D***. 2 vol. in-18, ornés de 4 figures.
Prix : 6 fr. et 7 fr. franco. (Ouvrage fort curieux, et que les
Dames ne peuvent se dispenser d'acheter.)

LA FILLE DE L'ÉMIGRÉ, Épisode de 1815, par madame Jenny
Legrand, auteur des S É D U C T I O N S, etc., 3 volumes in-12
Prix : 7 fr. 50 c. et 9 fr. franc de port.

(C'est un charmant Roman, qui obtient le succès le plus mérité,
et qui sera toujours lu avec beaucoup d'intérêt.)

LA DESTINÉE D'UNE JOLIE FEMME, poëme érotique en VI chants,
par J.-B. de M***. Vol. in-12, orné d'une très-belle figure.
Prix : 2 fr. et 2 fr. 45 c. franc de port par la poste.

ALBUM DE RAPHAEL , ou Choix de douze fresques du Vatican,
connues sous le nom de Loges de Raphaël, lithographiées par
nos premiers artistes. Prix, cartonné à l'italienne, un volume
in-fol. oblong, papier Jésus vélin, 24 fr. — Épreuves sur papier de Chine, 30 fr. —5 fr. de plus, par chaque exemplaire,
pour le recevoir broché, franc de port par la poste.

(Ce beau Recueil est ce qu'on peut offrir de mieux en Étrennes
à la Jeunesse des deux sexes. Les sujets qui le composent sont des
tableaux de la Bible, qui, dessinés par d'habiles artistes, d'après les
magnifiques compositions de Raphaël, ne peuvent qu'être utiles et
agréables aux jeunes gens et à toutes les personnes qui aiment les arts.)

BIBLIOTHÈQUE UNIVERSELLE DES VOYAGES , contenant les
guerres, produits, mœurs, anecdotes, costumes et coutumes
des peuples du monde, extraits des meilleurs voyageurs, par
M. Dufay. PREMIÈRE PARTIE, renfermant l'*Afrique*, 2 forts vol.
in-12, ornés de belles fig. coloriées avec soin. Prix : 10 fr. et
12 fr. franc de port. — SECONDE PARTIE, renfermant l'*Asie*,
3 forts vol. in-12, ornés de belles fig. coloriées. Prix : 15 fr. et
18 fr. franc de port. — (Chaque partie se vend séparément, si
l'on ne veut pas prendre les deux ensemble.)

PARIS, IMPRIMERIE DE FAIN, RUE RACINE, N°. 4,
PLACE DE L'ODÉON.

DE LA SCIENCE

POLITIQUE

CONSTITUTIONNELLE.

IMPRIMERIE DE FAIN, RUE RACINE, N°. 4.
PLACE DE L'ODÉON.

DE LA SCIENCE

POLITIQUE

CONSTITUTIONNELLE;

PAR

M^r. P.-A. DELACOU.

PARIS,

A LA LIBRAIRIE UNIVERSELLE
DE P. MONGIE AÎNÉ,

BOULEVART DES ITALIENS, N°. 10.

1826.

DISCOURS PRÉLIMINAIRE.

Les peuples de l'Europe, depuis environ trois mille ans qu'ils peuvent justifier de leur existence, n'ont encore pu, malgré d'innombrables tentatives, établir un gouvernement durable. Tout ce qu'ils ont fait n'a été qu'éphémère.

La Grèce alla chercher dans l'Inde la science de gouverner les hommes; Rome la demanda à la Grèce.

Les peuples modernes, malgré les leçons de la Grèce et de l'antique Italie, ont cru devoir chercher dans les déserts de la Germanie et de la Tartarie, d'où plusieurs sont sortis, des notions pour les guider dans cette route difficile.

Le temps ne s'est point encore expliqué sur toutes leurs œuvres; mais déjà plusieurs édifices de leurs mains se sont écroulés. La Pologne, Venise, ont disparu du tableau des nations.

Ne serions-nous que des compagnies d'animaux que le hasard forme et détruit à son gré?

Que dire en effet de la prétention de ces hommes qui veulent établir des bases immuables? un être d'un jour disposer pour l'éternité! N'est-ce pas relever sa misère par le ridicule?

Non, sans doute, et la prétention de résister, et long-temps, aux causes de dissolution qu'amènent le temps et les vicissitudes humaines, n'est point fondée sur une chimère.

Si la vie de l'homme est courte, celle de l'espèce est durable comme le monde, et l'instinct de l'homme est éminemment social. Pourquoi, sur des fondemens aussi solides, n'élèverait-on rien de durable?

Étudions la nature de l'homme, étudions la nature du contrat social, et nous trouverons les moyens d'en assurer la durée. La Chine, dont l'antiquité se perd dans la nuit des temps, prouve que cette entreprise n'est pas une témérité.

Nous avons cherché de bonne foi les véritables principes de la société politique. Nous ne sommes pas assez hardis pour affirmer que nous les avons trouvés; mais ce que nous pouvons dire avec la certitude de la vérité, c'est que si, dans notre investigation, nous avons désapprouvé, rejeté, condamné des opinions, des intérêts et même des institutions, ce n'est point en opposition, en haine de ces choses; c'est parce qu'elles contrarient, gênent, dérangent la marche sociale, et sont des obstacles à la durée, comme à la prospérité des gouvernemens.

Nous avons dû nous placer à un degré élevé, d'où nous pussions bien voir tout le mécanisme social, bien apprécier tout ce qui s'y mêle, tout ce qui le favorise ou le dérange : nous avons dit ce que nous avions vu; d'ailleurs nous ne jugeons pas les choses en elles-mêmes, mais seulement relativement aux institutions politiques.

Si l'on trouve notre théorie nouvelle, nous espérons qu'on la trouvera en même temps simple, naturelle ; qu'elle paraîtra ressortir toute entière de la nature de l'homme et de la nature de la société ; qu'on demeurera enfin dans la persuation que la raison, les faits, toute l'histoire, l'autorisent, l'appuient, la justifient.

Alors il demeurera prouvé qu'il n'y a que deux gouvernemens qui ont chacun une nature qui lui soit propre, le gouvernement républicain et le gouvernement despotique ;

Que la république ou démocratie pure et le despotisme absolu sont les deux extrêmes entre lesquels se trouvent placés tous les divers gouvernemens, qui ne sont que le résultat de la combinaison de leur mélange, dans des proportions différentes, sous quelque forme ou sous quelque nom qu'ils apparaissent : pour trouver ces deux extrêmes, on pourrait vainement parcourir des espaces immenses ; le publiciste peut mieux les faire concevoir que les montrer à l'œil et au doigt, comme le géomètre raisonne d'un point sans surface, d'une ligne sans largeur et d'un plan sans épaisseur, et ne peut les faire voir en réalité;

Que tous les gouvernemens connus ne sont guère que de véritables aristocraties, où les hommes ont des droits plus ou moins étendus; qu'ainsi il n'y a pas d'égalité absolue entre eux ; qu'elle ne peut être que relative ;

Que la société, composée d'élémens mobiles, variables et qui se renouvellent sans cesse, est comme les individus, dont la vie ne s'entretient que par l'action continuelle, sans être toujours égale, de choses différentes et extérieures aux corps qu'elle anime, et se trouve travaillée d'un mouvement qui, pour être presque insensible, n'en est pas moins impérieux et amène irrésistiblement les différens modes d'existence que présentent les nations; que le législateur doit suivre avec attention ce mouvement, et satisfaire à ses exigences comme le père de famille fait, dans la maison paternelle, les changemens que demande une position nouvelle; qu'ainsi il n'y a pas plus de mode fixe, absolu d'existence pour les nations que pour les individus;

Qu'il faut suivre pour chaque espèce de gouvernement les lois qui sont propres à sa nature et à la position particulière dans laquelle il se trouve;

Que c'est par l'oubli de ces maximes que la plupart des nations sont entraînées dans des crises violentes, dans d'épouvantables révolutions, et souvent dans une ruine totale;

Qu'en appliquant à l'état actuel de la France ces principes, on trouve pour premières conséquences;

Que l'organisation de la famille est à créer;

Que la division territoriale est vicieuse;

Que la classification des citoyens est imparfaite;

Que la loi criminelle pêche, à la fois, par un excès de rigueur et par un faux principe d'égalité;

Que son système militaire est un contre-sens;

Que la vénalité des fonctionnaires est un abus;

Que le rejet de la masse de la nation, hors de la cité, est une injustice sans nécessité, sans compensation, est une faute.

DE

LA SCIENCE POLITIQUE

CONSTITUTIONNELLE.

LIVRE PREMIER.

—

PRINCIPES GÉNÉRAUX.

\\

CHAPITRE PREMIER.

L'état social est l'état naturel de l'homme.

En examinant cette multitude d'êtres divers qui peuplent la terre, on reconnaît que le Créateur a donné à chacun les lois qui lui conviennent, et d'après lesquelles il se gouverne comme animal brute.

Les uns, vivant isolément, ne reconnaissent guère d'autres lois que les conditions de leur existence.

Les autres, appelés à vivre en société, sont

en outre soumis aux lois que ce nouvel état exige.

Le castor, l'abeille et la fourmi, par exemple, nous offrent le modèle d'une société simple, où tout est commun.

L'homme, dans ces sociétés primitives, où il se trouve en cet état que nous appelons sauvage par rapport à notre état de civilisation, ne s'écarte guère de cette loi.

CHAPITRE II.

Suite du précédent.

Toute l'espèce humaine n'est pas demeurée dans cet état originaire : la majeure partie en est sortie.

Ce n'est pas la multiplication de l'espèce, ce n'est pas la culture des arts, et en particulier de l'agriculture, le premier de tous, ce n'est pas l'extension des connaissances humaines, ce n'est pas la civilisation qui ont porté les hommes à abandonner l'état social naturel ; c'est l'intérêt individuel, peut-être aidé par la vanité ou l'orgueil.

Cet intérêt s'est créé hors de l'intérêt commun. Il est né de cette sollicitude qui nous porte à ne nous reposer du soin de notre conservation et de notre bien-être sur personne autant que sur nous-mêmes. Ce sentiment a porté chacun à s'assurer des ressources qui lui fussent propres et indépendantes de l'action générale. Cet intérêt a pu se confondre aussi avec le sentiment si naturel de notre conservation.

CHAPITRE III.

De la propriété. — Civilisation.

Tant que l'homme n'a pu se procurer que des moyens d'existence passagers, éventuels, mobiles, changeant de lieux et de pays, exigeant des déplacemens continuels, comme la chasse et la pêche, l'intention de se séparer de la société primitive, qui est pour lui un état naturel, n'a été qu'un projet suivi, peut-être de quelques tentatives d'exécution, mais que la force des choses a toujours obligé d'abandonner ou plutôt d'ajourner.

Quand on aura trouvé une terre produisant spontanément des fruits abondans, tels que le sagou, le coco, alors on se sera fixé. On se sera partagé d'abord la production des arbres comme on se partageait la chasse et la pêche, et bientôt on aura fait le partage des arbres mêmes, et du fonds qui les portait.

L'un plus économe, l'autre plus heureux dans le partage, l'autre plus soigneux de ses arbres et de son champ, ont voulu mettre à leur profit particulier les avantages qu'ils avaient sur les autres. Ils n'ont obéi à cet égard qu'au sentiment de leur intérêt personnel. Ce qui n'était qu'un projet d'abord, que les casualités d'une vie errante faisaient sans cesse avorter, s'est réalisé dès que les moyens d'existence n'ont plus dépendu du hasard.

De la culture des arbres on est passé à la culture des champs. On a propagé la culture des racines et de toutes les substances nourrissantes que la terre offrait spontanément çà et là. Il est probable que l'agriculture n'a pas commencé dans les contrées où la terre ne donne ses fruits qu'à regret.

L'homme, cet enfant de la terre, pétri de son limon, qui vivait confondu parmi la multitude infinie d'animaux, que comme une tendre mère elle porte dans son sein et allaite de ses mamelles, sans distinction et sans choix les uns des autres, va prendre une attitude nouvelle, surprenante.

Il est fixé, il a trouvé des moyens assurés d'existence; il va dominer en maître. On dirait que sa nature vient de grandir. Il commande à tous ces animaux divers, du milieu desquels il est sorti. Tous sont vaincus par lui. Les uns suivent ou traînent en esclaves son char de victoire sur lequel ils le nourrissent, et souvent de leur propre chair. Les autres, qu'un instinct indomptable n'a pu soumettre, tremblent à son aspect, et n'espèrent de salut que loin de sa présence. Ils se sont relégués et vivent dans les déserts.

Cette terre généreuse d'où il est né, il déchire son sein pour en arracher de plus nombreux, de plus agréables moyens d'existence. Cette terre, qui l'alimente, sur laquelle il trouve le doux repos du sommeil, qui présente un appui à ses pieds, qui supporte son poids, il en dispose en maître absolu comme de sa chose. Il n'en est plus le fils, il en est le roi. Il en use et en abuse; il en a fait sa propriété; il la morcelle, l'échange et la vend; il la met dans le commerce : il y règne en dominateur superbe. On allait le croire grand, lorsque après avoir rendu cette même terre le témoin et le théâtre de ses nobles actions comme de ses faiblesses, il rentre en poussière dans son sein dont il était sorti.

L'homme agriculteur et propriétaire de la terre serait maître de tout s'il l'était de lui-même. Il a trouvé la tranquillité. Dans ce nouvel état, le besoin de vivre en société qui le domine ne l'abandonne pas; ses rapports avec ses semblables continuent. Le bonheur que procure, à ceux qui s'y livrent, la culture de la terre, porte le reste de la peuplade à l'embrasser. Là, vivant tous dans un commerce continuel, les mœurs sauvages se sont adoucies, se sont polies, et la civilisation s'est formée.

Ainsi c'est de la culture de la terre, c'est de la propriété de cette même terre, qui fut la suite de cette culture, qu'est venu, non pas l'état social qui lui était antérieur, mais l'état de civilisation.

Nous avons pris l'hypothèse où l'intérêt individuel d'un ou de plusieurs membres des peuplades primitives avait conduit à l'agriculture, de là à la propriété foncière, et enfin à la civilisation. Nous aurions également pu prendre l'hypothèse où l'intérêt général d'une ou de plusieurs peuplades primitives les y avait conduites.

L'état de civilisation est une extension de l'état social naturel, mais il n'est pas une conséquence rigoureuse de la nature de l'homme : il serait un état de prédilection et de délices si on ne le corrompait pas ; mais l'abus qu'on en fait justifie trop l'existence encore commune de nos jours de peuplades primitives.

CHAPITRE IV.

De la famille.

Cet intérêt personnel, qui a profité de l'agriculture et de la propriété foncière pour s'établir, est passé dès individus où il a pris naissance, à tout ce qui s'est trouvé lié à leur sort. L'homme qui l'éprouvait d'abord pour lui, l'a éprouvé ensuite pour lui et sa compagne, qui est une partie pour ainsi dire de lui-même.

L'homme et la femme à laquelle il s'unit ne font qu'un être complet : ils ne sont pas libres de ne pas s'unir ; ils ne sont pas indépendans l'un de l'autre ; ils sont inséparables, autrement la race périrait. L'homme et la femme sont une seule et même chose, et leur union ne forme point une société.

La naissance des enfans n'établit pas encore la société, car il ne peut y avoir de société qu'entre des êtres libres de s'associer. L'enfant n'est pas libre de se séparer de la mamelle dont il est nourri. Le père, la mère, les enfans ne forment encore qu'une seule personne morale.

Si l'homme n'était pas dominé par le besoin de vivre en société, les enfans devenus adultes feraient comme les petits des animaux qui, lorsqu'ils peuvent se passer des père et mère, s'en séparent; mais l'instinct social naturel à l'homme conserve les enfans dans la famille du père.

Alors que les enfans peuvent se passer du père, il y a plusieurs personnes naturelles, et encore qu'une personne sociale si le père n'a pas émancipé ses enfans.

La famille a atteint son complément, elle va être le premier élément, le premier membre de la société civilisée. Sa composition et sa marche en montreront un emblème assez distinct.

Tant que le père maintient ses enfans dans sa dépendance, son gouvernement est de la nature du despotisme. C'est la première monarchie ; mais la vieillesse, les infirmités, l'augmentation des affaires obligent bientôt le père à chercher dans ses enfans des secours pour l'administration de sa chose, une espèce d'émancipation au moins tacite commence et le gouvernement devient mixte. Après la mort du père ou s'il y a émancipation de son vivant, le gouvernement devient républicain.

La famille est l'embryon des grandes sociétés politiques.

CHAPITRE V.

Organisation de la société civile.

Les familles s'étant multipliées, il s'est formé une multitude de rapports entre leurs intérêts respectifs, et entre l'intérêt de chacun et l'intérêt général.

D'un autre côté, cet intérêt général s'est composé de plusieurs élémens.

Dans l'état primitif, lorsque la société n'était qu'une peuplade où tout était commun, l'intérêt général se trouvait dans cette peuplade; mais cette société en s'étendant et se civilisant s'est dénaturée.

La peuplade agrandie s'est composée de familles ayant des intérêts distincts. La peuplade est devenue alors la commune; de la réunion des communes, le canton s'est formé; de celle des cantons, le district; de celle des districts, la province; et de celle des provinces, l'état.

L'intérêt général se trouve donc comprendre à la fois les intérêts de tous les élémens de l'état : ceux de la famille, de la commune, du canton, du district et de la province.

Pour régler cette complication d'intérêts, les lois simples de l'Auteur du monde n'ont plus suffi. Il a fallu que les hommes s'en imposassent de leur façon.

Eux seuls se trouvent dans ce cas. Les autres animaux, ne sortant point de l'état dans lequel Dieu les a placés, n'ont pas besoin d'autres lois que de celles qu'ils en ont reçues avec l'existence.

CHAPITRE VI.

Formation des diverses espèces de gouvernement, et leur nature.

En se multipliant encore, les hommes ont établi plusieurs grandes sociétés distinctes et séparées, qui ne se sont pas toujours trouvées toutes dans les mêmes situations. Elles ont dû se gouverner par des lois différentes et appropriées à leurs positions diverses.

Là le bien général a pu appartenir également à tous; ici, en grande partie, à une ou plusieurs classes particulières ; ou à un seul, et le reste encore inégalement aux autres : ailleurs uniquement à un seul.

Nous distinguerons les gouvernemens d'après ces caractères.

Celui où tout est commun entre les membres de l'état est le gouvernement républicain.

Si leur intérêt dans l'état n'est point égal, il est aristocratique.

Celui où tout est la propriété d'un seul est le gouvernement despotique.

Le gouvernement sera mixte si la puissance

se partage entre un seul et les autres membres de l'état.

Si l'autorité de ceux-ci l'emporte, il est plutôt républicain que despotique. Si c'est celle d'un seul, il est plutôt despotique que républicain.

Il n'y a que deux espèces originaires de gouvernement. Elles peuvent par leur mélange donner des variétés nombreuses; mais non pas des espèces de nature nouvelle.

Le gouvernement monarchique est une création purement idéale. Comme les sages de l'Inde qui enveloppent la vérité sous d'ingénieux emblèmes, Montesquieu fit une fable, lorsqu'il traita des gouvernemens monarchiques. Ce n'est pas sur une base mobile que peut reposer un gouvernement stable.

CHAPITRE VII.

De la souveraineté.

La première marque de l'existence d'un gouvernement est d'avoir une volonté. Le droit de mettre cette volonté à exécution constitue la souveraineté.

Dans le gouvernement républicain la souveraineté est donc dans l'ensemble des membres de l'état.

Dans le gouvernement mixte elle est dans la réunion du peuple avec le prince.

Et dans le gouvernement despotique elle est toute entière dans le monarque, en qui seul est l'âme de l'état.

De ce qui précède, il résulte que la souveraineté ne peut exister qu'avec la liberté de celui qui l'exerce.

CHAPITRE VIII.

De la liberté.

La liberté est le plus bel apanage de l'homme. Il l'a reçue, comme la vie, de l'Auteur de la nature, ainsi que tous les animaux; mais il en jouit avec plus d'extension qu'aucun; il est parvenu même à tourner à son profit celle d'un grand nombre d'espèces. Quelquefois, à force de l'étendre, il en abuse jusque sur ses semblables.

Quand il fait un usage raisonnable de sa liberté, elle est pour lui le principe d'une véritable grandeur. La dignité, les vertus, la gloire de l'homme sont fondées sur la liberté. Nos actions et notre conduite ne peuvent avoir de mérite qu'autant qu'elles sont libres.

La liberté est un don du ciel : pour en jouir, il ne suffit point d'en avoir une soif ardente, il faut d'abord en être digne.

L'abus que nous avons fait de la liberté prouve que nous la comprenons mal. Nous ne savons même pas la définir.

La liberté, dit-on, consiste à faire ce que la loi ne défend pas. Cette définition ne peut convenir qu'à de mauvais citoyens, qu'à des hommes qui ne se conduisent pas par la moralité des actions, mais par la crainte des châtimens.

Ainsi, on pourrait profiter de l'omission du législateur pour se livrer à tous les attentats qu'il n'aurait pas défendus, qu'il n'aurait pas crus possibles.

Ainsi, dans la république, l'oubli de la loi aurait pu autoriser l'usurpation de la souveraineté.

Ainsi, en Grèce, le parricide ne devait pas être le plus noir des forfaits.

Ainsi, parce qu'aux premiers âges du monde il n'y avait pas de code criminel, il put être libre au fils du premier homme d'assassiner son frère; une telle doctrine crie vengeance, comme le sang de l'innocence.

L'homme entièrement isolé (s'il en existe) est libre de faire ou de ne pas faire tout ce que ses moyens lui permettent. Il jouirait d'une liberté absolue, si la nécessité de satisfaire à ses besoins n'y mettait une restriction.

L'idée de Dieu, l'union de l'homme à une compagne, sa régénération dans ses enfans, ses rapports avec ses semblables, mettront bientôt de nouveaux obstacles à sa liberté.

S'il devient membre d'une société, il faut encore qu'il se soumette à ses statuts.

Dire que nous sommes libres de faire tout ce qui n'est pas en opposition avec ces règles, c'est oublier le plus grand nombre des causes qui modifient notre liberté.

La liberté consiste à faire ce que le devoir ne défend pas.

Cette définition s'applique au souverain comme aux individus.

CHAPITRE IX.

De l'esclavage.

Se conserver est pour l'homme un devoir; pour sauver sa vie, il peut donc engager sa liberté. Il vaut mieux perdre la liberté que perdre la vie : c'est en même temps perdre la liberté.

L'homme libre peut donc aliéner sa liberté, autrement il ne serait pas libre : c'est ainsi que l'esclavage est né de la liberté.

L'esclavage est l'opposé de la liberté comme la mort est l'opposé de la vie.

Il est corrélatif et en raison inverse de la liberté; il augmente à mesure qu'elle diminue, et diminue à mesure qu'elle augmente.

La servitude est une des misérables conditions sociales; elle se légitime comme la noblesse, l'aristocratie et toutes les supériorités, mais par des raisons contraires. Dans la société, ce que les uns gagnent en élévation, les autres le perdent.

Ici, la servitude est fondée sur la propriété. Un père est maître souverain de ses enfans même adultes et non émancipés.

Un des plus grands bienfaits de la société est d'assurer à chacun ce qui lui est propre : or quelle chose est plus propre à un père que ses enfans? Ils sont une partie de lui-même, sa substance. Il leur a donné la vie, les a nourris, défendus, conservés, protégés pendant de longues années, durant lesquelles ils eussent péri mille fois sans ses soins officieux. Les enfans sont la chose du père; demandez aux législateurs de la Grèce et de Rome.

Là, l'esclavage repose sur un bienfait. Le vainqueur qui peut donner la mort au vaincu peut le réduire en esclavage. Qui peut le plus peut le moins.

Quand la société fait au coupable condamné grâce de la vie à la charge des travaux perpétuels, ne parle-t-elle pas de sa générosité? Le malheureux qui en est l'objet regarde aussi cette commutation de peine comme un adoucissement, comme une faveur.

La philanthropie ne raisonne pas ainsi sur l'esclavage; mais la philanthropie place les hommes dans une sphère élevée qu'ils n'habitent pas.

L'esclavage est une calamité née de la société. Heureux encore si l'on n'abusait pas des dures lois qui le permettent !

CHAPITRE X.

De l'égalité.

QUAND la liberté est entière ou l'esclavage absolu il y a égalité sous le rapport de la liberté.

Ce qui ne veut pas dire qu'il y a égalité sous le rapport de la force, du mérite, du génie, de la vertu, et en général des bonnes ou mauvaises qualités des individus.

Les diverses qualités des personnes et leurs combinaisons infinies sont une cause puissante et toujours active d'inégalité. Ce qui fait qu'il n'y a rien de plus rare qu'une égalité parfaite.

L'égalité absolue est une chimère. Elle n'est pas même entre les enfans d'un même père. On ne la trouve pas dans la nature. Elle ne peut être établie sans injustice lorsqu'il n'y a pas consentement unanime, et se maintenir sans le sacrifice continuel et volontaire de toutes les supériorités.

L'égalité comme la justice ne peut être en général que relative.

Quand on dit que tous les droits sont égaux

devant la loi, cela veut dire que la loi les protége tous de manière à conserver *également* chacun tel qu'il est; ce qui maintient l'inégalité si elle existe, et ne rapetisse pas le plus grand au niveau du plus petit.

LIVRE SECOND.

APPLICATION DES PRINCIPES GÉNÉRAUX.

CHAPITRE PREMIER.

De la famille politique.

Une sage constitution de la famille est la plus solide base d'une bonne société politique.

L'autorité maritale et le pouvoir paternel doivent cesser alors d'être des illusions.

L'éducation en imprimera le respect, et la loi en sanctionnera l'exercice.

Quelle est l'autorité d'un mari qui, chez certains peuples, ne peut être séparé de sa femme que par la mort, quelque scandaleuse, quelque ignominieuse qu'en soit la conduite; qui ne peut même l'empêcher de donner publiquement le spectacle de ses coupables excès? quelle sera-t-elle enfin cette autorité si encore la femme a la jouissance et la disponibilité d'un patrimoine indépendant du contrôle du mari?

N'est-ce pas là prononcer l'abdication des

droits de l'homme au profit de la femme?
C'est un véritable contre-sens. On donne à un
être faible, vain et léger, les attributs de la
force et du jugement. C'est, dans les choses
naturelles et civiles, méconnaître à la fois le
droit de la nature et le droit civil qui les gou-
vernent, et qui dissolvent et annulent les en-
gagemens dont l'exécution est devenue impos-
sible ; c'est recourir à des doctrines étrangères
et inapplicables. Il faut aller jusqu'à la théocratie pour trouver le principe par lequel on
veut sanctionner l'acte qu'on dénature.

Mais quelle est, chez ces mêmes peuples,
la puissance du père dont la loi s'empare des
biens au profit de ses enfans, et dans certains
cas, de la personne même de ses enfans, que
toujours elle émancipe de l'autorité paternelle?

Cependant chez ces peuples la société est
fondée sur le respect de la propriété. Et l'on
enlève au père ses enfans, comme si les biens
qu'il a acquis par son industrie lui apparte-
naient mieux que le fils, qui est une émanation de son propre être, un nouveau lui-même !

On y recommande le mariage, et l'on en
fait une charge continuelle pour le mari. La
condition de la femme est presque plus favorable que celle de l'homme. Il semble que c'est

la femme qu'on veut exciter au mariage, et qu'on suppose qu'elle manque de propension à cet égard.

Les enfans sont bien au père pour les nourrir, les entretenir, les soigner, les élever, pour tout ce qui est charge; mais aussitôt qu'ils peuvent se passer de ses soins, il n'a pas droit aux fruits de leur industrie, de leur travail, de leurs biens personnels; il n'a pas même toujours le droit de correction à leur égard. Un tribunal peut bien punir, de sa pleine autorité, le justiciable qui lui manque de respect, mais la juridiction du père sur ses enfans, même adolescens, ne va pas toujours jusque-là.

Ont-ils atteint un âge que la loi a fixé; elle entre dans la famille, et de sa seule autorité, sans prendre même avis du père, elle les émancipe de sa puissance, même de sa tutelle.

Si la sagesse ne leur est pas venue en même temps que l'âge, et que les illusions de la jeunesse les emportent hors de la ligne d'honneur, dans laquelle leur père les conduisait, il faudra qu'il ait le spectacle de leur honte, qui devient en même temps la sienne, en indemnité de la privation de sa puissance sur eux.

Ainsi tous gémiront du funeste présent que la loi aura fait : le père, la société et les enfans eux-mêmes qui en seront les premières victimes.

Comment nommer cela ? justice, sagesse ! Une voix répond : despotisme. Il ne connait ni l'une ni l'autre.

Si même, dans sa générosité, la loi faisait des exceptions ; non : elle accorde à l'indigne, au prodigue, à celui que la justice a flétri, la même faveur qu'à celui qu'elle traite le mieux. On dirait qu'elle est aveugle.

Mettre ainsi la main sur les enfans, c'est détruire la famille, c'est saper la société dans son plus solide fondement.

Laissez au père l'exercice de sa puissance ; ne vous alarmez pas de quelques fautes partielles. Il fera mieux que vous ce qu'il faut faire.

Souffrez qu'il présente lui-même à la société, à la patrie, les membres qu'il a élevés pour l'y représenter. Laissez-le jouir pleinement de ce bonheur qui est pur, qui est honorable. Recevez sa tendre et noble offrande, et ne vous en emparez pas.

Préparez le grand œuvre de l'émancipation par des cérémonies spéciales à de certaines époques de l'adolescence, comme l'ont fait d'anciens peuples, plus savans que vous dans l'administration domestique. Environnez ces cérémonies de l'importance et de la considération qui leur sont dues. Faites-en des fêtes de famille où la sainteté des mœurs et l'amour de la patrie recevront un culte épuré.

Alors vous aurez fait ce qui semble au-dessus de la puissance humaine, vous aurez ajouté au bonheur d'être père.

Rapprochez, unissez, tous les membres de la famille. Faites qu'ils regardent comme une chose naturelle et même obligatoire que l'harmonie, l'intimité règnent entre eux ; que de toutes les sociétés ce soit la leur qu'ils trouvent la plus douce, la plus heureuse ; qu'ils aiment à la resserrer toujours davantage, et se regardent comme un seul faisceau, comme un seul être politique, dont toutes les parties sont solidaires.

Condamnez, flétrissez ce système anti-social que les fautes sont personnelles. Faites sentir au contraire, que sortant tous de la même source, du même sang, ils ne peuvent s'isoler l'un de l'autre ; que tout est commun entre eux, la gloire comme la honte ; qu'une branche de l'arbre ne peut se vicier, se corrompre, sans que l'arbre entier n'en reçoive de funestes atteintes; qu'ils doivent s'observer, se diriger, se conduire ensemble, non pas comme des gens qui se surveillent et s'épient, mais comme des amis qui s'éclairent réciproquement et se mettent en garde avec une vigilante sollicitude contre les erreurs, les illusions et les trompeuses amorces de ce monde.

C'est dans la loi municipale, organisatrice de la commune, que la famille doit trouver une place honorable.

Ces principes, que les enfans appartiennent au père, pourraient cesser d'être absolus lorsque les citoyens trouvent dans la loi politique une compensation au sacrifice qu'elle leur impose. A mesure que les droits publics diminuent, les droits privés doivent augmenter, et réciproquement lorsque les droits politiques s'étendent les droits privés doivent diminuer d'autant; ou plutôt les droits privés devenant des droits publics, on ne peut les exercer que conformément à la volonté de tous.

La nature du gouvernement sert de règle alors. Dans la république absolue les droits privés disparaissent : tout est public. Les enfans n'appartiennent plus au père, à Lacédémone, mais à la patrie.

Là, les successions, la transmission des biens d'un citoyen à un autre, ne peut se faire d'après la volonté du propriétaire, mais par la loi qui règle le patrimoine de chacun, bannissant avec une égale sollicitude la richesse et l'indigence, l'une et l'autre ennemies mortelles de la liberté.

Dans ce gouvernement on ne peut user ou abuser à volonté de son patrimoine, ou plutôt il n'y a pas de patrimoine privé. Ce n'est pas la source d'où les jurisconsultes romains ont tiré cette définition de la propriété privée.

Sous l'aristocratie on doit jouir des droits privés dans toute leur étendue. Leur privation serait sans compensation.

C'est donc par une fausse application de la république pure au gouvernement mixte, que l'état dispose presque à son gré de la fortune des citoyens et de leurs enfans.

Sous le gouvernement despotique on peut jouir, dans le silence, de l'ombre des droits privés. Cela explique comment la servitude parvient à s'y faire supporter.

CHAPITRE II.

De l'agrégation des familles. — Formation de l'état.

La famille est un être complet : la réunion de plusieurs familles forme une société politique.

Dans le principe l'état est tout entier dans les communes ; à mesure qu'il s'étend il se compose successivement de cantons, de districts, de provinces.

Rome, qui a conquis le monde, a commencé par une bourgade.

CHAPITRE III.

De l'étendue naturelle d'un état politique.

Il serait difficile d'établir de quel nombre de familles un état doit être composé. L'étendue territoriale présente des limites plus sûres que la quantité numérique des habitans. L'étendue convenable à la bonne administration, à la prospérité d'un état, doit être en raison combinée de sa population, de la nature du gouvernement et de la facilité de communiquer, promptement et sûrement en tous temps, du centre aux extrémités et des extrémités au centre. Les relations politiques ne souffrent pas plus d'interruption que le mouvement du sang dans le corps animal.

Un état populeux demandant plus de soin pour être gouverné qu'un pays désert, devra être plus circonscrit.

Une république absolue veut un contrôle continuel de tous les citoyens par tous les citoyens. Il faut donc qu'ils soient ordinairement en présence l'un de l'autre. Un tel état ne peut être étendu.

Pour se mettre en rapport de puissance avec les grands états, les républiques se liguent, se fédèrent. La Grèce y eut recours, la Suisse et l'Amérique en offrent de nouveaux et d'heureux exemples.

Les limites d'un tel état peuvent être sans borne ; car le même esprit régnant dans chaque république, se trouve aux extrémités comme au cœur de l'état. On n'y doit pas craindre les révoltes de satrapes puissans, qui profitent en même temps de leur éloignement et de la faiblesse ou de la stupeur du gouvernement.

A mesure que la république perd de sa nature elle peut s'étendre. Elle ira d'agrandissement en agrandissement se perdre dans le despotisme ; ou s'affiliera des provinces qu'elle élèvera vers elle et qui tiendront de la nature des républiques fédératives. Rome, d'abord renfermée dans ses murailles, put comprendre les peuples voisins, et insensiblement à peu près toute l'Italie. La république peut aussi, sans dépasser de certaines limites, posséder de grands patrimoines hors de son sein. Rome, sans sortir de l'Italie, avait en propriété à peu près l'univers alors connu. Elle avait des royaumes pour domaines.

De nos jours, le peuple anglais, borné dans

son île, commande, à quatre mille lieues, à de nombreuses nations qu'il possède comme d'immenses troupeaux.

Quand la liberté fut éteinte à Rome, les provinces qui avaient été la chose de la république firent partie intégrante de l'empire. La république qui s'était étendue à mesure qu'elle avait dégénéré, n'avait cependant pu aller au delà de l'Italie; l'empire put s'étendre du Rhin à l'Euphrate et de l'Atlas au mont Taurus.

L'empire se trouva plus grand en étendue et plus petit en puissance. La raison en est simple, c'est que Rome et l'Italie, où se trouvait la force, l'ayant perdue avec la liberté, se trouvèrent réduites à la nullité des provinces, et s'incorporèrent naturellement avec elles.

Si la liberté venait à se perdre en Angleterre, la Grande-Bretagne se trouverait de niveau avec les Indes. La cité, bornée aux trois royaumes, serait perdue; mais l'empire s'accroîtrait en étendue. Il comprendrait à la fois les possessions européennes, celles de l'Asie, de l'Afrique, de l'Amérique, et en outre les trois royaumes.

De tous les états, celui qui peut avoir les limites les plus étendues, est donc l'état despotique.

Par ce qui précède, on voit que si l'on voulait chercher les élémens du gouvernement anglais, comme de celui de France, on y trouverait d'un côté, le principe du despotisme, d'un autre celui de la république aristocratique, d'un autre, dans les provinces une fédération de républiques informes et subordonnées. Avant la révolution, nos pays d'état, leurs parlemens, les états-généraux et le roi rendaient cette idée d'une manière encore plus intelligible.

Les États-Unis d'Amérique en sont une autre expression, seulement le principe despotique y est presque nul, et l'organisation des républiques subordonnées de même que leur fédération y sont mieux caractérisées.

CHAPITRE IV.

Division territoriale.

L'AGRÉGATION de familles, dans une étendue telle que leurs rapports avec un point pris dans leur sein puissent avoir lieu commodément et promptement, doit composer la commune.

Elle ne doit être ainsi ni trop nombreuse, ni trop circonscrite. Il faut d'un côté qu'une magistrature dont le personnel soit connu de toutes les familles, et les connaisse, exerce sur elle une autorité paternelle ; et d'un autre que l'agrégation contienne naturellement plusieurs élémens de composition de cette autorité et des ressources suffisantes pour faire face aux besoins d'une bonne administration; si la localité ne permet pas un arrondissement complet, la commune alors peut se diviser en sections dont l'ensemble donnera le même résultat.

Ces limites de la commune sont aussi celles de la république absolue.

Dans l'origine d'une société la commune est l'état. Rome comprit d'abord, dans son enceinte circonscrite par Romulus, toute la république.

S'il y a extension, autour d'une commune principale se formeront d'autres communes qui en dépendront : ainsi parut Athènes avec ses bourgs.

S'il y a extension encore, ce qui était l'état ne sera plus qu'un canton; plusieurs cantons formeront l'état.

S'il y a extension encore, plusieurs cantons ne formeront qu'une province, et plusieurs provinces composeront l'état.

Quelquefois, indépendamment des accidens du terrain et de l'importance des localités, ces divisions territoriales sont faites d'elles-mêmes. Les habitudes, les mœurs d'une contrée en déterminent la séparation des contrées voisines. D'autres fois une ville et son territoire, une province, un état entier sont réunis, ou se joignent à un autre état, sous la condition d'en respecter telles prérogatives et telles limites. Il est aussi des circonscriptions que le temps, les mœurs, certains genres d'industrie, le commerce ont formé et qu'il ne faut pas franchir. On s'exposerait à acheter trop cher une régularité toujours imparfaite.

Mais quand on reconstitue l'état et qu'on est maître de donner à chacune de ses parties les élémens convenables par sa bonne composition, l'on évite de laisser, comme on l'a fait en France, dans ces derniers temps, une multitude de communes, où ne peuvent se trouver, ni magistrats pour les administrer, ni revenus pour frayer aux plus urgens besoins.

Si l'on examinait la division politique de la France, comment pourrait-on l'expliquer ? La division territoriale d'un tel état ne doit être que la circonscription naturelle des associations secondaires ou républiques intermédiaires et subordonnées, chacune suivant son importance relative. Il en est de plusieurs classes. On trouve dans l'état, la famille, la commune, le canton, la province ; comme parmi les citoyens on trouve la classe nobiliaire, la classe plébéienne, et quelquefois encore des classes intermédiaires.

Or, y a-t-il quelque chose de naturel dans ce système qui tombe d'un état de trente millions d'habitans, ayant un revenu d'un milliard, à un état de deux cent mille habitans, ayant cent mille francs de revenus.

Un tel état n'est pas seulement subordonné,

il est dans une dépendance absolue. Il n'aura jamais de voix pour faire entendre ses plaintes, même pour faire connaître ses misères et ses douleurs.

Peut-on comprendre d'ailleurs comment une puissance immense se perd au premier degré de sa division en une multitude de filets presque imperceptibles? L'arbre majestueux, qui défend de son ombre tutélaire le sol qui le nourrit, se partage d'abord en un petit nombre de branches principales, qui sont les intermédiaires entre le tronc vigoureux qui les porte, et les faibles rameaux qui produisent les fleurs et les fruits.

L'empire colossal de la Russie n'a que cinquante gouvernemens. Celui peut-être plus grand encore de la Chine (l'étendue ne fait pas seule la grandeur d'un état), ne compte que vingt-cinq divisions principales. La France en a plus de quatre-vingts !

Mais que dire d'une division qui semble méconnaître les points principaux auxquels se rattachent les rapports des citoyens? Est-ce pour niveler toutes les villes qu'elle paraît faite en raison inverse de leur importance? Elle borne la circonscription de la capitale de l'état, d'une ville de près d'un million d'habitans à la banlieue de cette ville, et donne à des villages de deux à trois mille âmes des circonscriptions de dix lieues de rayon.

CHAPITRE V.

Éducation.

Dans une république pure, l'éducation est le premier besoin de l'état. Elle doit être physique, morale, politique et toujours publique. Là, elle inspire le renoncement à soi-même et un amour sans bornes de la liberté et de la chose publique.

L'instinct public y tient presque lieu de savoir. La voix du peuple y est regardée comme la voix de Dieu. L'éducation littéraire ou l'instruction ne doit y être connue que pour les choses usuelles et d'intérêt public; elle est générale. L'amour de la patrie règne là en tyran jaloux. Il n'y permet pas d'autres plaisirs, fussent-ils innocens comme les jouissances de l'esprit. On ne trouve point à Lacédémone de Démosthène, de Sophocle, d'Anacréon, de Pindare.

Dans le gouvernement mixte l'éducation est toujours nécessaire; mais le besoin de l'instruction s'y fait plus vivement sentir.

L'éducation et l'instruction peuvent cesser d'y être publiques. Les familles qui se partagent ou se disputent le gouvernement, fondent leur suprématie sur tous les appuis qu'elles peuvent trouver dans la constitution et dans leurs moyens personnels. La vertu, le courage, l'illustration se voient souvent éclipsés par l'éclat du génie. Devant Cicéron foudroyant Catilina, on oublie Caton, César et Pompée.

Si les priviléges de quelques classes et le pouvoir d'un seul se partagent l'empire, comme de nos jours en France et en Angleterre, l'éducation peut être pour ainsi dire toute dans l'instruction.

Dans ces sortes de gouvernemens tous courent au pouvoir; mais un reste de pudeur, quelque chose du vernis des vertus républicaines, veulent qu'on n'y arrive et qu'on ne s'y maintienne que sous le manteau de l'honneur et des talens; une lice continuelle y est ouverte où l'éloquence et le savoir se disputent la gloire du triomphe.

Si le gouvernement est plutôt despotique que républicain, et tel, par exemple, qu'il a existé de fait en France, depuis François Ier. jusqu'à Louis XVI, l'instruction est encore de la nature de ce gouvernement. Les grâces de l'esprit et du langage et le talisman du savoir peuvent détourner les yeux du spectacle de la misère et de la servitude publiques. D'un autre côté les esprits élevés trouvent dans l'illustration qu'ils tirent des sciences et des lettres une espèce de compensation de la perte des droits de cité.

Dans le gouvernement despotique l'éducation est inutile et l'instruction y serait dangereuse : elle apprendrait au peuple à voir ses chaînes.

Sous le despotisme la religion aide le glaive. Il est donc bon que l'éducation qu'on peut y souffrir y soit religieuse. C'est une nécessité si le despotisme est une pure théocratie.

CHAPITRE VI.

De l'état républicain.

L'État républicain fut toujours celui des peuples généreux. C'est à l'ombre de la liberté que croît la vertu. Là tous les citoyens sont égaux. Tous n'ont qu'un intérêt, celui de la chose publique. La même pensée les anime, celle du bonheur et de la gloire de la patrie. Ils s'en regardent comme les vrais enfans, et sont toujours prêts à se sacrifier pour elle, pour elle qui les porte tous dans son sein.

République, dans la rigueur du mot, veut dire que tout est commun, la gloire et la disgrâce, le bien et le mal. Là tous les bras sont armés pour la défense de chacun, parce que chaque citoyen fait partie essentielle du corps social, dont toutes les parties sont homogènes et indivisibles.

Là, les citoyens sont assis à la même table, au même banquet.

Personne ne possède rien ; mais ce que tous possèdent est à chacun.

On a dit que tous les hommes sont frères ;

mais c'est à la république pure qu'il appartient seule d'en offrir la séduisante image.

Un tel gouvernement n'a besoin que de lois simples. Elles sont toutes fondées sur l'égalité des droits. Les devoirs s'y déterminent par la capacité de ceux qui les rendent. On ne calcule pas ce qu'on doit faire, mais ce qu'on peut. Les plus sublimes dévouemens à l'état sont les actes ordinaires de la vertu politique, sur laquelle le gouvernement est fondé.

La corruption des passions humaines fait que de tels gouvernemens sont rares comme l'or pur.

Les républiques sont peu exemptes d'un mélange qui altère la pureté primitive.

Si nous supposions un état qui commencerait par la république pure et passerait par toutes les phases possibles de gouvernement, pour aller s'engloutir dans le despotisme, le nombre des variétés qu'il présenterait serait immense. Saisissons seulement les principales.

À mesure que le gouvernement se dénature, les droits et la puissance que perdent les uns profitent à plusieurs ou à un seul, ou à plusieurs et à un seul à la fois.

S'il n'y a pas perte de tous les droits, la

république devient aristocratique ou royale, ou aristocratique et royale.

S'ils se trouvent en entier dépouillés, il y a oligarchie ou despotisme, ce qui équivaut à peu près à la même chose.

L'aristocratie ou la royauté commencent au premier degré d'altération de la république pure, et finissent à l'oligarchie ou au despotisme.

Dans un état où il existe un principe de droit pour les hommes il y a un germe de république; dans celui où il existe un ou plusieurs citoyens qui aient des droits plus étendus qu'un quelconque des autres citoyens, il y a un germe de despotisme ou d'aristocratie, et quelquefois de l'un et de l'autre.

Presque tous les gouvernemens sont donc un mélange de république et de despotisme. Le despotisme pur n'est guère moins rare que la république pure.

CHAPITRE VII.

De l'aristocratie.

Il y a germe d'aristocratie aussitôt qu'il y a inégalité entre les citoyens. Mais le germe n'est pas encore la chose. L'aristocratie ne sera constituée que lorsque ceux qui exercent un pouvoir au-dessus de celui des autres réuniront en eux plus de puissance que tous les autres ensemble.

L'aristocratie présente deux choses distinctes à régler : les aristocrates et le peuple.

Pour exposer quelles lois conviennent à l'aristocratie, il faudrait préciser quelle aristocratie.

Est-ce celle où le pouvoir des grands commence ? est-ce celle où ils le concentrent presque tout en eux ? est-ce celle où il se balance avec celui du peuple ? est-ce l'une de celles où il se trouve dans l'un des innombrables degrés intermédiaires ? il faudrait dire encore s'il n'y a qu'une ou plusieurs classes d'aristocrates.

Prenons un exemple, et le plus simple :

Supposons un état où le pouvoir se balance

et où les aristocrates sont égaux entre eux. Un tel état tiendrait également de l'aristocratie et de la démocratie.

Le peuple y suivrait les lois de la république absolue pour les droits dont il jouirait, les grands observeraient aussi ces lois entre eux, et les deux puissances seraient unies par des lois spéciales.

Si le peuple, ni les grands ne se trouvent point dans une égalité absolue comme il arrive ordinairement, alors tout le corps politique n'est qu'une hiérarchie aristocratique où un petit nombre de classes supérieures, et quelquefois une seule, balance toutes les classes inférieures, et même peut l'emporter sur elles.

La première loi chez de tels peuples (c'est à peu près l'universalité des nations qui ne sont pas entièrement esclaves) est donc une juste classification de tous les citoyens. C'est par-là que les législateurs de la Grèce et de Rome ont brillé.

L'homme, qui est une créature dépendante des lois de son organisation, lois qu'il n'a pas faites, et qui le maîtrisent même à son insu, travaillé qu'il est par ses passions, dérangé par les combinaisons contraires de ses semblables, par les événemens qu'amènent la marche et la variété des temps, ne peut être regardé comme stationnaire. Il ne présente rien d'assuré, rien de fixe, de durable. Lui qui ne peut répondre de son existence physique, comment répondrait-il de son existence politique ?

Une loi non moins nécessaire que celle de la classification, est donc qu'un contrôle éclairé agisse continuellement sur les classes et les individus, élève qui s'est élevé, et rabaisse qui s'est dégradé : cette loi serait la sanction de la première.

Enfin, dès que les ressorts qui maintiennent la situation politique s'usent, il faut, par une transition douce et savante, conduire la machine sociale dans la route nouvelle que réclame le besoin de sa manière d'être nouvelle.

Observez donc, suivez, dirigez le mouvement des nations. Tout ce qui a vie marche, dans ce monde. Le repos est l'emblème de la mort.

Les peuples sont comme les élémens qui les composent. La même position sans déplacement, sans mouvement, amène l'engourdissement : n'arrêtez donc point le mouvement salutaire qui les anime ; corrigez, changez avec un sage discernement les lois qui règlent leur marche. Favorisez-la, elle fortifie, elle régénère les organes sociaux ; mais ne la précipitez pas, vous pourriez être entraîné et tomber dans les abîmes. Agissez avec prudence, un peuple ainsi peut parcourir de longs siècles sans vieillir.

CHAPITRE VIII.

De la royauté.

La royauté et la monarchie ne sont pas la même chose. On ne peut confondre ces mots sans confondre des choses tout-à-fait différentes. La monarchie est l'empire d'un seul, est l'état où un seul est maître de tout.

Quoique l'exécution des lois soit confiée à un seul, cela ne constitue pas une monarchie. La France et l'Angleterre ne sont pas plus des monarchies que ne l'étaient Gênes et Venise gouvernées par leurs doges, que ne le sont les États-Unis, sous la présidence d'un magistrat unique et temporaire. Ce sont des républiques dont les chefs sont héréditaires.

La royauté et la république sont loin de s'exclure; elles marchent au contraire assez souvent ensemble. Lacédémone avait des rois. Rome eut aussi, dans ses premiers siècles, des rois, et ce ne fut pas l'époque où le peuple y jouit de moins de liberté. La Pologne aussi, avant son déplorable démembrement, et il n'y eut jamais de république où les droits des citoyens furent portés aussi loin.

Une royauté sans élément républicain serait un pur despotisme. De qui serait-on donc roi dans un état où il n'y aurait point d'hommes libres? Un roi d'esclaves est un despote.

Les rois sont nés dans les républiques; ils en furent de tous temps les premiers chefs.

Romulus et Clovis n'étaient que les chefs de leurs compagnons. Les dépouilles des vaincus se partageaient dans le camp des Francs comme à Rome.

Ce ne fut point par un droit particulier, ce ne fut point par la grâce de Dieu que Clovis et Romulus furent rois, mais par le consentement de leurs compagnons.

Ce n'a pas été par la grâce de Dieu aussi que César et Bonaparte ont été empereurs, mais par la grâce de leurs épées.

Cette expression par la grâce de Dieu, empruntée à la théocratie, peut être quelquefois un épouvantable blasphème. Que Titus et les Antonins se disent empereurs par la grâce divine, on pourrait excuser ce que l'expression a de faux, par la beauté de leur âme; mais Commode, Caracalla, Néron! un tyran par la grâce de Dieu !

La puissance d'un homme sur ses semblables n'a rien de céleste; elle est purement humaine. Dieu, qui ne fait que le bien, peut tolérer les mauvais princes, mais il ne les envoie pas.

La France, comme Rome, commença donc par le gouvernement républicain. Rome suivit d'abord la royauté et l'aristocratie, et ensuite l'aristocratie seulement. La France a toujours suivi la royauté et l'aristocratie à la fois.

Les formes républicaines ne sont pas prononcées en France comme à Rome, mais elles n'y existent pas moins. Les champs de Mai, les parlemens nationaux, la classification des citoyens en différens ordres, les états généraux, témoignent assez du principe républicain. Quand le peuple est assemblé, Charlemagne le caresse. La royauté est en dehors des états généraux, qu'elle n'a que le droit d'assembler, comme les consuls à Rome n'avaient que celui de convoquer le peuple. Les rois qui veulent être maîtres seuls ne l'assemblent guère.

La classification du peuple dans la royauté n'est pas moins nécessaire que dans l'aristocratie. En France, vous aviez pour la cité les trois ordres de l'état et les corporations des arts et métiers pour l'administration domestique. En Suède la cité est partagée en quatre ordres.

CHAPITRE IX.

Suite de la royauté.

Le mot royal veut dire quelque chose de noble, de grand, d'essentiellement bon. Un royal homme est un homme de prédilection.

Dans une réunion, se choisit-on un chef, c'est toujours celui qu'on croit le plus propre à ce qu'on se propose; c'est le plus capable. Il est à cet égard le magistrat ou l'homme royal de l'assemblée. On l'appellera le président dans les conseils, le commandant dans les combats. Les choses sont les mêmes, et la différence des noms ne les change pas. C'est toujours le magistrat ou le roi de l'assemblée qui l'a élu.

Une autre fois sa supériorité naturelle le porte à prendre spontanément l'autorité et tous obéissent volontairement. C'est encore pour ceux-ci l'homme royal.

Quelquefois, il n'occupera le premier poste que pour une opération unique.

D'autres fois, que pendant un temps déterminé : ici pendant un an, là pendant sa vie.

Ailleurs on transmettra son pouvoir à sa

race, et il deviendra héréditaire. Il peut le devenir encore par le fait unique de la succession de sa race à sa position sociale.

Dans l'une comme dans l'autre de ces hypothèses il est le roi. La durée de son règne ne change rien à sa qualité.

Ses droits vis-à-vis de ceux qui lui obéissent se déterminent par les conventions qui ont été faites à la reconnaissance de son élévation.

S'il n'y a pas de convention, ils se règlent par la position respective où les parties se trouvent placées.

Si le roi n'a pas de droit par lui-même, il ne fait qu'exercer des pouvoirs délégués, ses fonctions sont une pure magistrature.

Mais s'il a des droits personnels, s'il dispose dans l'état d'une puissance qui lui soit propre, alors il y a une espèce de distinction ; sa personne se divise : sous ce dernier rapport, il sera le roi ; sous le premier, il continuera d'être magistrat, et réunira deux qualités en lui.

Voilà pourquoi en Angleterre et en France le roi comme magistrat étant comptable de son administration, a des ministres responsables; comme roi il tient du souverain, il ne répond de rien. Bien plus, il ne peut pas même se tromper. Le souverain est infaillible, il tient de la Divinité. La voix du peuple souverain est la voix de Dieu.

De même qu'il y a plusieurs degrés d'aristocratie, il y a plusieurs degrés dans la puissance royale. Ici, elle est presque absolue; là, elle n'a pour ainsi dire que l'ombre du pouvoir.

Là, il n'y a que le roi et le peuple; ici, le roi voit entre lui et le peuple les grands, et quelquefois plusieurs classes de grands.

A proprement parler la royauté n'est qu'une aristocratie dont la plus haute classe des grands ne forme dans le prince qu'une seule personne.

CHAPITRE X.

Du despotisme.

Il y a principe de despotisme lorsqu'un seul s'élève au-dessus des autres dans la cité. Son règne commencera du jour où sa puissance l'emportera sur celle de tous les autres. Il y aura despotisme complet lorsqu'un seul sera maître de tous.

Le despotisme! là finit la vie et commence la mort. Le despotisme est le cadavre politique. Imaginez-vous un immense cimetière où sont englouties les générations des hommes. Un silence mortel règne partout. Les yeux n'aperçoivent que des tombeaux et des ombres craintives que conduisent des génies malfaisans et féroces.

Quel autre tableau présentent les vastes et jadis si belles contrées soumises au croissant! Des ruines de Carthage aux ruines de Babylone, des ruines de Memphis aux ruines de la Grèce, tout n'est que ruines. Annibal, Mithridate, puissance de Cyrus, gloire de Sésostris, conquêtes d'Alexandre, qu'êtes-vous devenus?

Quoi! tant de contrées n'offrent pas un homme libre! Elles ne nourrissent et ne produisent que des esclaves! Le savoir, les talens, l'éloquence, l'héroïsme, tout y est enseveli.

Et vous, nobles enfans de la Grèce, vous qui fîtes l'admiration des peuples dont vous fûtes le modèle et faites encore celle des peuples modernes que vous avez civilisés, le cercueil s'est-il fermé à jamais pour vous? Semblable au phénix, ne naîtrez-vous pas de vos cendres?

Le despotisme tue tout. Pour lui point d'honneur, point de vertu. Où il n'y a pas de liberté, les actions ne peuvent avoir de moralité. Les nobles sentimens, les jouissances de l'esprit y sont inconnus. Des hommes réduits à la condition des bêtes n'y peuvent goûter que des jouissances animales.

Ce gouvernement est simple comme tout ce qui est absolu. La volonté ou le caprice du despote, voilà le code des lois.

Un visir, des bourreaux, et quelquefois des prêtres qui trompent le peuple, voilà les instrumens pour gouverner.

CHAPITRE XI.

De la théocratie.

AUTRE espèce de despotisme. La théocratie, qu'on peut appeler le despotisme divinisé, se différencie cependant du despotisme dont nous venons de parler, en ce que celui qui l'exerce, se défiant de son omnipotence, a recours à la tromperie. Sous le masque de l'hypocrisie, il blasphème incessamment le nom de Dieu, dont il abuse pour mettre sa volonté à la place de celle qu'il semble invoquer.

CHAPITRE XII.

De la religion.

Pour établir et régler les rapports de l'homme avec la Divinité, il faudrait que le législateur connût la nature et l'essence de la Divinité. Ce qui prouve l'ignorance des hommes, c'est que les différens peuples s'accusent réciproquement d'imposture en cette matière.

Les lois ne devant reposer que sur des vérités incontestables, vous ne les baserez point sur des systèmes religieux.

Vous respecterez ce qui n'est point de votre domaine. Vous n'outragerez point la Divinité en la proclamant comme Robespierre, en lui donnant des lettres de naturalisation : ce serait vous charger de vous-même d'une mission de ridicule et d'insolence. Vous ne mêlerez donc point la religion à la politique.

Mais la morale, sur quoi l'établir? Assurément ce n'est pas sur telle religion dont on peut nier la vérité. On serait exposé à la voir fondée sur une superstition. Tous les peuples

d'ailleurs ne l'ont pas placée dans les idées re-
ligieuses; et dans quelle religion la recon-
naître chez le peuple qui autorise toutes les
religions ? la morale enfin peut descendre du
ciel sans l'intermédiaire des prêtres.

CHAPITRE XIII.

Du gouvernement où l'on jouit de la plus grande liberté.

Dans la république pure, il y a égalité absolue entre tous les citoyens pour toutes les choses sur lesquelles la loi peut prononcer. Cette égalité n'est pas dans la nature ; elle repose uniquement sur la noblesse, sur la générosité de sentiment dont tous les cœurs y sont animés. Chaque citoyen y fait sans cesse à la patrie le sacrifice des avantages de sa supériorité sur les autres. Ce renoncement spontané à soi-même est la vertu ; c'est l'âme de ce gouvernement.

Il n'y a donc que les citoyens qui, dans la hiérarchie du mérite, sont placés à la dernière catégorie, qui jouissent de toute leur liberté ; car ceux qui les surpassent n'ont pas le droit de mettre à leur profit leur supériorité.

Dans l'aristocratie le dévouement à la patrie est moins grand. On songe plus à soi qu'à l'état ; l'égoïsme politique commence. Ses avantages personnels, en général, on se les réserve.

Si on en fait le sacrifice on veut y donner de l'éclat, on en demande même souvent la récompense. Là, il y a moins de vertu, mais plus de liberté. Là, chacun y occupe la place que la grandeur de sa taille réclame. Chacun y jouit de tous ses avantages et rien que de ses avantages. Avez-vous grandi ? les censeurs vous élèvent à la classe des hommes que vous égalez. Êtes-vous déchu? l'on vous chasse du sénat ou de la chaire curule que vous déshonorez.

Pour la liberté privée, c'est autre chose encore. Dans la république absolue, il n'y a pas de liberté privée. Là, tout est public, jusqu'aux moindres actions ; tout s'y fait de la même manière, c'est une loi qu'on ne saurait enfreindre : le salut de l'état l'exige.

L'aristocratie est moins sévère : elle permet ce que les lois et les mœurs ne défendent pas,

CHAPITRE XIV.

De ceux qui doivent administrer.

L'ADMINISTRATION de la chose publique doit être faite par ceux auxquels appartient la chose publique.

Dans la république pure, c'est le peuple qui administre lui-même. Toutes les affaires sont décidées par le peuple. Ses magistrats font exécuter ses décisions.

Sous le despotisme, le prince fait tout ou plutôt son visir, qui livre les provinces à des pachas, nouvelle espèce de proconsuls.

L'aristocratie n'a rien d'absolu : elle se conduit par degrés et suivant l'importance des diverses classes qui la composent. Là, chacun est jaloux d'exercer toute l'influence, toute l'autorité qui peut appartenir à sa position sociale.

On marche, on agit, dans l'aristocratie, avec tout son entourage, avec tout ce qui dépend de soi, avec tout ce qui justifie son importance.

A Rome on s'appuyait de sa clientèle ; dans

notre ancienne France, on s'entourait de ses hommes d'armes, de ses vassaux.

D'abord sous le nom de sénat, de chambre ou de grand conseil, les grands jouissent d'attributions spéciales. Ces mêmes grands, classés avec le peuple suivant leur importance relative, prennent part de nouveau aux affaires publiques.

Si la première classe est confondue dans la personne d'un seul, la république a un roi. Il a ses attributions spéciales, et le reste de l'aristocratie se gouverne d'après les lois qui lui sont propres.

Le roi, toujours à la tête de la hiérarchie sociale, possède seul une notable portion de la puissance publique. Cette portion est déterminée par son importance relative dans l'état. Si bien qu'à mesure qu'elle s'accroît, il s'approche du despotisme, et à mesure qu'elle décroît il revient à l'égalité avec les autres citoyens.

Cette importance doit toujours être réelle. Dans un gouvernement où l'on est jaloux l'un de l'autre, où une ambition ardente et continuelle n'est arrêtée que par la masse des ambitions de tous, pour qu'une puissance s'y maintienne il lui faut des titres positifs.

De nos jours on voit des rois qui n'ont plus de domaine, qui sont à la solde des peuples. Les rois courraient risque de cesser d'être rois, si les peuples cessaient de les payer. Dans l'origine, chez les peuples, les rois étaient électifs ! serait-ce une voix nouvelle pour mener à l'élection ?

La royauté, les grands et le peuple, forment le souverain. De concert, ils règlent l'administration publique, et le roi, comme la personne la plus intéressée à sa prospérité, à son bonheur, fait exécuter les lois. C'est le grand fonctionnaire de l'état.

De quelles personnes le roi doit-il s'aider pour cette exécution ? Se servira-t-il de salariés ? Mais des hommes qui vendent leur temps et leurs services sont des hommes qui dépendent du prix qu'ils reçoivent, ils ne sont pas libres. Peuvent-ils commander à des hommes ?

Un père ne transmet pas ses ordres à ses enfans par des valets. C'est par ses enfans qu'il fait connaître sa volonté à ses autres enfans qui ne peuvent l'entendre.

D'ailleurs l'administration des choses doit se faire par ceux auxquels les choses appartiennent ; comment se ferait-il que ce serait ceux-là même qui y ont intérêt, auxquels elle revient de droit, qu'on en écarterait? L'administration des provinces, comme celle de l'état, est une fonction municipale. Le roi la dirige, il n'en peut être dépouillé, parce qu'il ne peut tomber sous un homme qui serait moindre que lui dans la hiérarchie sociale et recevoir les ordres de son inférieur.

Qu'on ne cherche pas ici à établir une analogie injurieuse entre les rois qui reçoivent un revenu de l'état et les salariés.

La liste civile est le prix du patrimoine royal remis à l'état, et le traitement des fonctionnaires est le prix de leur travail. Le roi ne reçoit rien, il administre municipalement; mais les fonctionnaires qui touchent des gages vendent leurs services; comme l'homme de peine, ils travaillent pour vivre; la différence de prix ne change pas les conditions: il y a des gens qui sont d'une grande dépense; tel qui a cent mille francs d'appointemens n'a souvent rien de reste. Comme le simple manœuvre, il subsiste du loyer de sa personne, il y a entre eux seulement la différence du taux de ce loyer; ils sont d'ailleurs l'un et l'autre mercenaires, et de qui? Le roi les nomme et l'état les paie. Ils ignorent souvent qui ils servent: l'un veut servir le roi, l'autre l'état.

Ce n'est point dans la nation française que les nobles sentimens, que le dévouement à la patrie sont rares. Tout ce qui présente aux citoyens une tâche généreuse à remplir y est accueilli avec enthousiasme. Pourquoi ne pas profiter de ce bonheur? Ailleurs ou dans d'autres temps on élèverait les âmes plutôt que de les avilir.

Comme les essais sont heureux en France! il fut un temps ou l'on payait les mandataires du peuple. En manque-t-on depuis qu'on est revenu à cette sage pensée que leur mission est municipale?

Pourquoi payer des préfets et des sous-préfets, lorsqu'il ne faudrait qu'un mot pour décharger l'état de ce fardeau?

Louis XIV disait : l'état, c'est moi. Il dut alors faire administrer les provinces comme ses domaines. Cependant les pays d'état faisaient avec les intendances un contraste qui auraient dû amener à cette idée, que les intendances étaient un abus de la puissance royale.

Bonaparte, partageant avec Louis XIV l'opinion que la France était sa chose, et tirant parti des idées républicaines qui avaient mis toutes les libertés dans le domaine public, ne reconnut pas même de pays d'état : il envoya ses intendans partout, et fit administrer par ses préfets toute la France à son profit.

Comme les proconsuls, il les prit hors des pays qu'ils devaient administrer. Pourquoi cette ressemblance ?

Ce sont des magistrats municipaux, et ils ne sont pas du pays qu'ils administrent! ce sont des magistrats municipaux, et ils sont salariés! ce sont des magistrats municipaux que les communes paient d'un côté et que le gouvernement paie aussi, qui reçoivent des deux mains! ce sont des magistrats municipaux, et on les change, on les destitue sans consulter les communes! Pourquoi ce personnage double dans les préfets? quel sera des deux rôles celui dont ils s'acquitteront le mieux? Les préfets de Bonaparte ont répondu à cette question lors des conscriptions, lors des gardes d'honneur; ceux du roi y répondent lors des élections.

Disons-le donc, dans tout cela on méconnaît la nature des choses. Chaque degré de la hiérarchie politique est un composé d'intérêts communs, et ces intérêts doivent être administrés municipalement. C'est par délégation dit-on, que les provinces sont administrées. On délègue à d'autres le droit de les administrer! Pour déléguer ce droit il faut l'avoir. Alors les provinces ne sont donc pas libres? elles n'auraient donc pas été affranchies? Pour donner l'administration des provinces, il faut être maître, il faut avoir la propriété des provinces; car qui peut donner à un autre l'administration de ma chose?

Il y a confusion: sous la royauté le prince a deux attributs; par l'un, il tient, il fait partie du souverain, par l'autre, comme il est de tous les membres individuels de l'état celui qui renferme en lui la plus grande portion de souveraineté, il est le magistrat naturel de la réunion de toutes les portions de souveraineté, il est le magistrat du souverain. Comme magistrat il fait exécuter les lois; comme magistrat encore, il dispense entre les provinces les faveurs du souverain, ou partage les charges qu'il impose, et prononce entre elles lorsqu'elles ont des intérêts communs ou opposés. Les provinces prononcent sur de pareilles choses entre les districts; ceux-là entre les cantons, ceux-ci entre les communes; là finit l'intervention. Le prince ne peut rien déléguer au delà du droit de faire exécuter les lois et de prononcer entre les provinces; il ne peut entrer et se mêler dans leur administration privée.

Ce qui est reconnu être dans le domaine de telle ou telle portion de la hiérarchie sociale doit être administré par cette même section de la hiérarchie. Ainsi la commune, le canton, le district, la province, doivent administrer seuls et librement chacun des intérêts qui ne regardent qu'eux seuls.

On dira peut-être: ils regardent aussi le gouvernement. Oui, comme des enfans émancipés regardent leur père; comme les intérêts des sociétés de commerce regardent l'état qui les a autorisées; comme se regardent les intérêts privés des citoyens que la loi reconnaît: non autrement. Le gouvernement ne se mêle point de l'administration de ces choses.

Il en est de même pour les divisions territoriales qui ne sont pas moins légalement instituées. Elles reçoivent en naissant l'indépendance pour gouverner ce qui leur appartient, régler ce qui est de leur ressort; sans cela elles ne seraient pas libres. Mais dans un gouvernement libre, comment comprendre des provinces qui ne sont pas libres, et qui en font partie intégrante? il faudrait qu'elles en fussent distinctes, séparées, d'une autre nature, hors de sa hiérarchie fondamentale. Telles sont par exemple nos colonies.

Les intérêts des provinces doivent être gouvernés par des pouvoirs qui sortent de leur nature, qui sont nés avec elles, qui leur sont propres. Ils ne peuvent dépendre d'un pouvoir étranger, souvent trop haut et trop éloigné, qui ne peut être lié avec elles par des rapports intimes et de tous les momens; d'un pouvoir dont ils ne peuvent être l'objet d'une véritable affection, d'un amour exclusif; d'un pouvoir qui le plus souvent ne peut les apprécier ni les connaître.

Aussi de nos jours la centralisation n'est qu'un abus (elle n'existait pas sous Henri IV).

Elle n'éclaire ni le gouvernement ni les provinces; ne rend meilleure, ni plus douce leur position respective; ne fait pas aimer le prince davantage; ne lui donne pas un pouvoir nouveau; mais seulement une surcharge d'affaires, l'occasion de paralyser ou de tracasser, même sans le vouloir, les provinces et les communes dans leur administration domestique.

———————

6.

CHAPITRE XV.

De ceux qui doivent être juges.

Le premier père de famille fut le premier juge. Les débats domestiques sont portés devant le maître de la maison, qui prononce.

Dans la république pure, c'est le peuple qui juge.

Sous le despotisme, c'est le despote. Le droit de juger est une émanation de la souveraineté.

Le souverain fait les lois et rend les jugemens. Quelquefois les lois ne sont que des jugemens, d'autres fois les jugemens deviennent des lois. Il y a entre ces choses une analogie marquée; elle vient d'une origine commune.

La différence tient uniquement à ce que les lois traitent de choses qui regardent la société en général, tandis que les jugemens s'appliquent spécialement à des portions et même à des individus de la société.

Dans une république pure les moindres affaires intéressent sensiblement l'état, et sont portées devant le peuple.

Lorsque l'institution républicaine a éprouvé des altérations, lorsque l'état ne rapporte plus tout à lui, qu'il permet des intérêts qui ne sont pas directement les siens, le peuple en corps n'a le besoin ni le droit de juger ces intérêts : leur juge naturel est dans ceux qui en ont de même nature. Partout les hommes doivent être jugés par leurs pairs. Un esclave ne doit décider ni de la vie, ni de la liberté d'un homme libre. Les prolétaires ne peuvent prononcer sur la fortune des propriétaires.

Qu'un despote transmette à un esclave le droit de juger des esclaves, la chose se conçoit : c'est un pair qui décide parmi ses pairs; mais que chez des peuples libres l'inférieur juge ses supérieurs, c'est un contre-sens qui a bien pu naître et se conserver dans des siècles d'ignorance, et qu'il doit suffire de signaler pour faire proscrire.

En France, par exemple, à une certaine époque, le roi et les seigneurs concentraient en eux seuls la république toute entière. Le peuple en était serf ou esclave : il ne pouvait y avoir alors d'autres juges que le roi et les seigneurs.

Mais il arriva que le peuple obtint sa liberté, et de la manière la plus douce et la plus légitime; il l'acheta de ses maîtres de gré à gré et à deniers comptans. Les contrats ne portent pas de réserve. Son affranchissement devait donc être complet, et il le fut.

Les seigneurs, comme supérieurs individuellement au nouveau peuple affranchi, n'en demeurèrent pas moins ses juges naturels; mais par un abus qui s'est continué, ils chargèrent des délégués de toutes les affaires dont ils ne voulaient ou ne pouvaient s'occuper, plutôt que de les mettre entre les mains du peuple, qui, à leur défaut, en était le juge naturel.

Ces délégués reçurent des épices, présent volontaire, dans le principe, pour se rendre le juge favorable; elles furent depuis changées en taxation obligée.

Le roi et les seigneurs profitèrent bientôt de ce changement; ils vendirent aux juges un office qui devenait lucratif, et le juge vendit la justice aux citoyens.

La fonction la plus sainte, la plus honorable, était réduite à l'état d'un vil métier. Cette vénalité a été regardée comme un abus; elle a été détruite. Mais par une fatalité nou-

velle un abus a été remplacé par un abus. Les
citoyens ne paient plus la justice. L'état ne
vend plus aux juges le droit de juger, ce sont
les juges qui vendent ce droit à l'état, ou au
moins l'exercice de ce droit. L'état le leur paie
à tant par an. On ne sait comment qualifier
un tel renversement de principes. Dans ce
système les juges paraissent n'avoir pas d'intérêt à l'administration de la justice. Il semble
que cela ne les regarde pas; que ce n'est pas
comme les premiers pairs de leurs justiciables,
comme une chose qui est de leur devoir qu'ils
la rendent; mais comme quelque chose à laquelle ils ne sont point obligés, qui regarde
d'autres qu'eux, qui leur est étrangère; que
c'est un service qu'ils rendent à autrui, et qu'on
doit leur en tenir compte, le leur payer. Enfin
ce n'est plus une fonction municipale que les
juges remplissent, c'est une profession à argent qu'ils exercent.

Où cependant trouverait-on de plus nobles
sentimens que dans la magistrature judiciaire
de France? On peut faire comme ordinaires
et naturelles des choses indignes de soi; il suffit
de les signaler aux âmes généreuses pour qu'elles
s'en abstiennent. On fit sentir à Louis XIV que
la gravité d'un grand prince ne lui permettait

pas de danser en public. Dès lors il renonça à la danse.

Déjà l'exemple est donné : on trouve dans le jury le principe d'une aussi honorable réforme.

CHAPITRE XVI.

Des peines.

LES peines sont un mal destiné à arrêter un plus grand mal. La société n'en doit user qu'à regret. ,

C'est surtout dans la république pure qu'on est avare des peines. Les citoyens ont là une importance qui demande qu'on les ménage.

Le despotisme au contraire se joue de la vie des hommes. Il répand le sang comme un prodigue répand l'or. Que lui importe le sacrifice d'un homme lors que les hommes ne sont rien pour lui ?

L'aristocratie tient entre ces extrêmes une route moyenne. Elle est sévère sans être cruelle; les peines y sont graduées avec un sentiment de justice, et en raison du mal dont la société se plaint, et en raison de l'importance du coupable. L'exil ou l'ostracisme sont le châtiment ordinaire des plus grandes fautes des principaux citoyens.

Celui qui occupe une grande surface dans l'état, s'il en est banni, est puni dans tous les points de cette surface. Il souffre dans sa gloire, dans ses espérances, dans sa clientèle, dans ses amis, dans sa fortune, dans sa famille. Vulnérable sur un volume immense, il est blessé partout et sa plaie saigne à la fois de tous côtés. L'exil est pour lui un châtiment plus grand que pour l'homme nul la perte de la vie.

D'autres peuples ont rendu à la propriété un pur hommage, ils l'ont associée pour ainsi dire à la vie des hommes. Ils ont voulu qu'elle les garantît autant qu'il était en elle des châtimens et des flétrissures corporels.

C'était à ces derniers temps qu'il était réservé de punir, pour la même faute, tous les hommes de la même peine.

Partant d'un principe d'égalité absolue, que la république pure et le despotisme peuvent seuls admettre, mais dans des sens tout différens (là les hommes sont égaux en grandeur, ici en nullité), on a voulu en faire un axiome de vérité pour tous les gouvernemens. La méprise est partie d'un noble objet : l'amour de la dignité humaine; mais la méprise n'en est pas moins réelle.

Le niveau des gouvernemens absolus ne peut être promené sur les gouvernemens mixtes; il emporterait toutes les hautes têtes et n'élèverait point celles qui passeraient dessous.

Cependant on ne le promène pas toujours dans tous les sens. Il y a des peuples où l'on établit des distinctions, des classifications politiques; où l'on rejette, où l'on chasse de la cité la masse populaire qui en faisait partie depuis des siècles; qui avait même acheté ce droit. Chez ces peuples, on met des degrés entre le petit nombre de citoyens que l'on conserve. On y consacre l'inégalité, et l'on proclame que tous sont égaux. La majesté de la loi repousse ce style.

Il n'est cependant pas entièrement sans vérité; car le bourreau est là avec sa hache. Il la tient suspendue par le même fil sur la tête de tous.

Quoi! la patrie serait sans affection, sans reconnaissance, même sans prévoyance! elle verrait d'un œil indifférent flétrir la gloire, tomber la tête d'un fils qu'un égarement momentané n'a cependant pas perverti! elle oublierait les services reçus, et mépriserait ceux qu'elle espérait! Quoi! point d'exception! tout est confondu dans la même réprobation! et le sang des héros n'est pas plus noble, n'est pas plus pur, n'est pas plus cher que le sang d'un brigand, d'un vil assassin?

Mais quelle aveugle bizarrerie, quelle fureur frénétique vient, chez nous, de s'emparer de la patrie? Ces enfans qu'elle avait distingués parmi ses enfans, qu'elle chérissait, qu'elle comblait de faveurs et de priviléges, ces enfans qu'elle regardait comme l'honneur de la famille, elle les sacrifie impitoyablement? Pour la même faute, elle les envoie à l'échafaud comme ces vils rebuts qu'elle a séparés de ses élus, qu'elle a dégradés et rejetés de la cité; misérables êtres auxquels elle permet seulement de vivre et de végéter, et si misérables, qu'ils n'ont pas même de nom; qu'on ne sait comment les désigner : ils ne sont pas citoyens, ils ne sont pas même au rang des affranchis, et cependant pas encore redevenus serfs. Inégaux devant les faveurs, devant les caresses sociales, les enfans de la patrie sont égaux devant les châtimens! On dirait que sa colère oublie et confond tout.

La mort! la mort! voilà ce qu'on a trouvé de plus heureux pour consolider la société. La mort, qui tue tout, est l'alliée secourable qu'elle invoque; ses mains hideuses pétrissent dans le sang les fondemens de l'état social.

Lorsqu'un ennemi puissant, qui était venu les armes à la main pour vous anéantir, a succombé sous votre courage, que faites-vous des prisonniers? vous les désarmez, vous les mettez dans l'impossibilité de vous nuire; et le simple individu qui n'a pas eu le projet de renverser l'état, qui n'a quelquefois voulu que prévenir un ennemi, vous trempez vos mains dans son sang. O justice humaine! ô patrie! que sont devenues tes entrailles?

Les cannibales dévorent leur ennemi vaincu; les peuples civilisés distinguent : s'il appartient à une nation étrangère et ennemie, ils respectent sa vie; mais s'il est né dans leur sein, si rien ne peut plus protéger ses jours, malheur à lui. A la vérité, ils ne boivent pas son sang comme les cannibales; ils en arrosent froidement la terre. Quels sont les plus barbares?

CHAPITRE XVII.

Des hommes de guerre.

Parmi les misères dont l'espèce humaine est affligée, on cite les passions haineuses, jalouses, vindicatives. On les trouve partout. Elles règnent dans l'âme des individus, et commandent aux nations.

Ce n'est point à la sagesse qu'ont recours les hommes qui en sont travaillés. Ils en appellent d'abord à la force. C'est de leur force que se menacent des êtres qu'un souffle emporte! la fureur y supplée, et ce monde n'est trop souvent qu'un vaste champ de bataille.

Il faut donc que les nations se préparent à la guerre.

Quels seront les hommes qui les défendront? Dans la république pure, tous les citoyens. Pour le despotisme, on peut encore et indifféremment remuer en masse des troupeaux d'esclaves.

Les gouvernemens modérés suivent d'autres règles. Chacun y jouit de tous les avantages qu'une justice rigoureuse mais relative peut lui assurer, et se trouve soumis à des devoirs proportionnés.

Les premiers citoyens sont donc les premiers défenseurs de l'état. A Rome, à Athènes, c'étaient les premières classes qui étaient les premières appelées. Dans l'antique France, c'étaient les seigneurs, les grands de l'état qui le défendaient.

Ce principe y a toujours paru si naturel, que quand l'importance politique d'un citoyen était telle que sa personne ne pouvait suffire pour le représenter à l'armée, il s'y faisait suivre par des compagnons.

De nos jours encore, si la société, au lieu d'être composée de simples citoyens, est une confédération de princes, chacun fournit pour la défense commune un contingent proportionné à l'intérêt qu'il a dans l'association.

D'où vient que les peuples modernes proscrivent cette justice que les princes observent entre eux?

Depuis que Louis XIV, tourmenté par la passion de son omnipotence, se trouvant forcé de lutter contre l'Europe qu'il avait soulevée contre lui, appela dans sa querelle jusqu'aux dernières classes du peuple, le système militaire n'a plus été qu'un contre-sens.

On semble n'en pas craindre, n'en pas voir le danger. Les armées modernes ne se connaissent pas encore; elles sont trop jeunes: mais qu'on attende; et, si l'on n'y porte remède, qu'on tremble du jour où elles auront apprécié les élémens qui les composent, et ceux du corps politique; du jour où elles auront la conscience de ce qu'elles sont dans l'état.

Déjà on a pu dire des armées de la Convention régicide que, pour un soldat, la royauté était au fond d'une bouteille.

Les soldats espagnols ont pu méconnaître la voix de leur prince. C'était, il est vrai, l'esprit de Spartacus qui se réveillait dans l'île de Léon; mais ce n'en était pas moins une révolte de la part de ceux-là même qui doivent toujours obéir aveuglément; mais l'esprit de César est venu après l'esprit de Spartacus, et ensuite l'esprit des armées prétoriennes.

S'ils le voulaient une fois, qui pourrait empêcher des hommes qui n'ont rien à perdre, pauvres, disciplinés, aguerris, qui ont les armes et la force en main, de faire des rois, des empereurs, de réformer les lois de l'état, et même de s'emparer de la position sociale de ceux qui les paient?

Lorsque les citoyens ne pouvaient suffire,

les anciens armaient, il est vrai, les affranchis,
même les esclaves; mais seulement dans les
dangers extrêmes, et uniquement pour le temps
du danger.

Ce que les anciens ne faisaient que dans les
extrémités, les peuples modernes en font une
pratique habituelle. Ils font pis; ils dispen-
sent du service de l'état les principaux citoyens, ses défenseurs naturels, ce qu'aucun
peuple ne fit jamais. Ils mettent, sans crainte,
la défense de l'état entre les mains de ceux qui
y sont le moins intéressés. Enfin, par une con-
tradiction qui tient du ridicule, ce ne sont pas
les grands qui protégent les petits, ce sont
les petits qui protégent les grands.

Ces réflexions sur le danger du système militaire actuel, que l'amour sacré de la patrie
pouvait seul nous arracher, prennent une importance nouvelle aujourd'hui qu'en général
nos soldats ne sont plus membres de l'état, ne
sont plus de la famille politique. Ces vaillantes
légions qui, quoique venues des derniers rangs
de la société, défendaient la patrie avec tant
de gloire, la loi n'a-t-elle pas eu l'inconcevable
légèreté de les rayer du contrôle des citoyens!
Que défendront-ils donc ces hommes que la

cité renie en se mettant sous la sauvegarde de leur épée ?

Chose étrange ! dégrader la masse de la nation, et se mettre sous sa protection !

Chasser hors de la cité presque tout un peuple, sans lui donner de place ailleurs; l'abandonner à lui-même, sans appréhender qu'il s'égare, sans craindre qu'un tribun audacieux s'en empare, n'annonce ni prudence, ni mémoire.

CHAPITRE XVIII ET DERNIER.

Des finances.

Depuis que l'argent est devenu l'unique terme de comparaison de presque tous les biens de ce monde, il jouit d'un pouvoir à peu près despotique. Cependant sa valeur est en partie fictive et de convention. Il n'en est pas moins une puissance pour tous. La multitude l'encense et se met à genoux devant lui; elle lui rend un culte. Les adorateurs du veau d'or sont peut-être encore plus nombreux de nos jours qu'au temps passé.

Dans une république pure, on proscrit l'argent, de peur que les citoyens ne cherchent à se procurer par lui les biens que la vertu donne.

L'argent est une peste pour la liberté. On le met à la place de la vertu; et où la vertu n'habite plus, la liberté meurt.

Lycurgue, par l'établissement d'une monnaie, même de fer, fit une faute qui, comme celle du partage quoique égal des terres, devait amener la ruine de sa république.

Dans un état où tout est commun, où tout est à tous, et où rien n'appartient à personne, où tous siègent au même banquet, il ne faut pas de partage, il ne faut pas de signe d'échange, il ne faut pas d'argent.

Seulement lorsque les intérêts s'individualisent et se multiplient, la nécessité de ces choses se fait sentir.

L'argent entre donc dans la république du moment qu'elle s'altère; plus elle se corrompra, plus son besoin y sera grand.

Pour le despotisme, l'argent est tout-puissant; on ne peut rien faire sans lui.

Dans la république pure, la vertu est l'unique monnaie de l'état; sous l'aristocratie, l'alliage s'y mêle. Le despotisme ne peut user que d'un vil métal.

La république pure ne connaîtra donc pas d'impôt d'argent. Là, en remplissant personnellement ses devoirs on paie sa dette à l'état.

L'aristocratie et la royauté n'auront recours aux impôts qu'avec circonspection, et seulement pour faire remplir par des mercenaires celles des charges de l'état dont l'exercice répugne naturellement à l'honneur, devenu pointilleux des citoyens.

Le despotisme vit d'impôts comme les sangsues vivent de sang.

FIN.

TABLE DES MATIÈRES.

FIN DE LA TABLE.

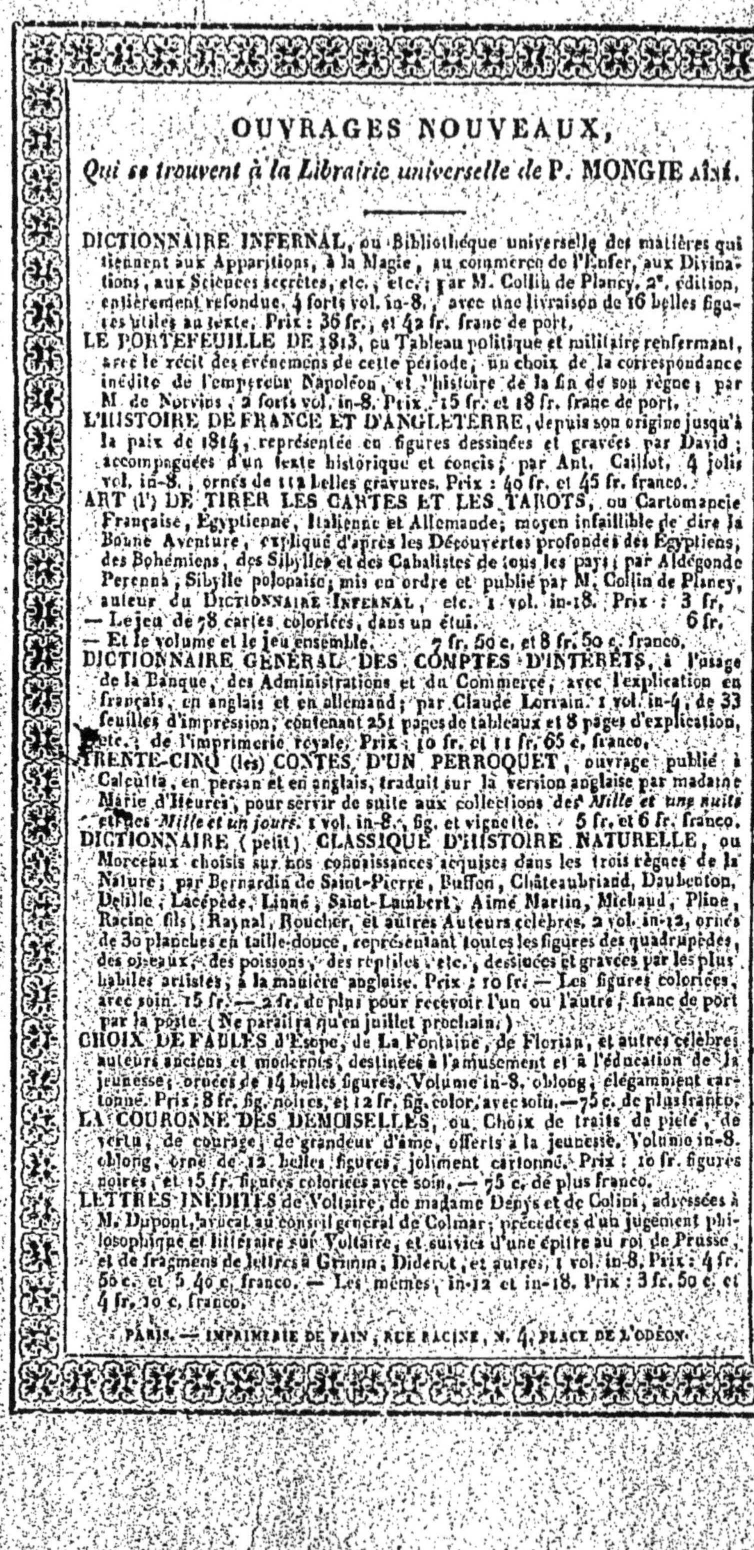

OUVRAGES NOUVEAUX,

Qui se trouvent à la Librairie universelle de P. MONGIE aîné.

———

DICTIONNAIRE INFERNAL, ou Bibliothèque universelle des matières qui tiennent aux Apparitions, à la Magie, au commerce de l'Enfer, aux Divinations, aux Sciences secrètes, etc., etc.; par M. Collin de Plancy. 2ᵉ édition, entièrement refondue. 4 forts vol. in-8, avec une livraison de 16 belles figures utiles au texte. Prix : 36 fr., et 42 fr. franc de port.

LE PORTEFEUILLE DE 1813, ou Tableau politique et militaire renfermant, avec le récit des événemens de cette période, un choix de la correspondance inédite de l'empereur Napoléon, et l'histoire de la fin de son règne; par M. de Norvins. 2 forts vol. in-8. Prix : 15 fr. et 18 fr. franc de port.

L'HISTOIRE DE FRANCE ET D'ANGLETERRE, depuis son origine jusqu'à la paix de 1814, représentée en figures dessinées et gravées par David; accompagnées d'un texte historique et concis; par Ant. Caillot, 4 jolis vol. in-8, ornés de 112 belles gravures. Prix : 40 fr. et 45 fr. franco.

ART (l') DE TIRER LES CARTES ET LES TAROTS, ou Cartomancie Française, Égyptienne, Italienne et Allemande; moyen infaillible de dire la Bonne Aventure, expliqué d'après les Découvertes profondes des Égyptiens, des Bohémiens, des Sibylles et des Cabalistes de tous les pays; par Aldégonde Perenna, Sibylle polonaise; mis en ordre et publié par M. Collin de Plancy, auteur du DICTIONNAIRE INFERNAL, etc. 1 vol. in-18. Prix : 3 fr.
— Le jeu de 78 cartes coloriées, dans un étui. 6 fr.
— Et le volume et le jeu ensemble. 7 fr. 50 c. et 8 fr. 50 c. franco.

DICTIONNAIRE GÉNÉRAL DES COMPTES D'INTÉRÊTS, à l'usage de la Banque, des Administrations et du Commerce; avec l'explication en français, en anglais et en allemand; par Claude Lorrain. 1 vol. in-4, de 33 feuilles d'impression, contenant 251 pages de tableaux et 8 pages d'explication, etc.; de l'imprimerie royale. Prix : 10 fr. et 11 fr. 65 c. franco.

TRENTE-CINQ (les) CONTES D'UN PERROQUET, ouvrage publié à Calcutta, en persan et en anglais, traduit sur la version anglaise par madame Marie d'Heures, pour servir de suite aux collections des *Mille et une nuits* et des *Mille et un jours*. 1 vol. in-8, fig. et vignette. 5 fr. et 6 fr. franco.

DICTIONNAIRE (petit) CLASSIQUE D'HISTOIRE NATURELLE, ou Morceaux choisis sur nos connaissances acquises dans les trois règnes de la Nature; par Bernardin de Saint-Pierre, Buffon, Châteaubriand, Daubenton, Delille, Lacépède, Linné, Saint-Lambert, Aimé Martin, Michaud, Pline, Racine fils, Raynal, Boucher, et autres Auteurs célèbres. 2 vol. in-12, ornés de 30 planches en taille-douce, représentant toutes les figures des quadrupèdes, des oiseaux, des poissons, des reptiles, etc., dessinées et gravées par les plus habiles artistes, à la manière anglaise. Prix : 10 fr. — Les figures coloriées, avec soin. 15 fr. — 2 fr. de plus pour recevoir l'un ou l'autre, franc de port par la poste. (Ne paraîtra qu'en juillet prochain.)

CHOIX DE FABLES d'Ésope, de La Fontaine, de Florian, et autres célèbres auteurs anciens et modernes, destinées à l'amusement et à l'éducation de la jeunesse; ornées de 14 belles figures. Volume in-8, oblong, élégamment cartonné. Prix : 8 fr. fig. noires, et 12 fr. fig. color. avec soin. — 75 c. de plus franco.

LA COURONNE DES DEMOISELLES, ou Choix de traits de piété, de vertu, de courage, de grandeur d'âme, offerts à la jeunesse. Volume in-8, oblong, orné de 12 belles figures, joliment cartonné. Prix : 10 fr. figures noires, et 15 fr. figures coloriées avec soin. — 75 c. de plus franco.

LETTRES INÉDITES de Voltaire, de madame Denys et de Colini, adressées à M. Dupont, avocat au conseil général de Colmar; précédées d'un jugement philosophique et littéraire sur Voltaire, et suivies d'une épître au roi de Prusse, et de fragmens de lettres à Grimm, Diderot, et autres, 1 vol. in-8. Prix : 4 fr. 50 c. et 5 40 c. franco. — Les mêmes, in-12 et in-18. Prix : 3 fr. 50 c. et 4 fr. 10 c. franco.

PARIS. — IMPRIMERIE DE FAIN, RUE RACINE, N. 4, PLACE DE L'ODÉON.